Florine Calleen

Texten fürs Social Web

Das Handbuch für Social-Media-Texter

BusinessVillage

Florine Calleen
Texten fürs Social Web
Das Handbuch für Social-Media-Texter
2. Auflage 2014
© BusinessVillage GmbH, Göttingen

Bestellnummern
ISBN 978-3-86980-185-8 (Druckausgabe)
ISBN 978-3-86980-186-5 (E-Book, PDF)

Direktbezug www.BusinessVillage.de/bl/886

Bezugs- und Verlagsanschrift
BusinessVillage GmbH
Reinhäuser Landstraße 22
37083 Göttingen
Telefon: +49 (0)5 51 20 99-1 00
Fax: +49 (0)5 51 20 99-1 05
E-Mail: info@businessvillage.de
Web: www.businessvillage.de

Layout und Satz
Sabine Kempke

Autorenfoto
Michaela Conrads, Pulheim/Köln

Druck und Bindung
www.booksfactory.de

Copyrightvermerk
Das Werk einschließlich aller seiner Teile ist urheberrechtlich geschützt. Jede Verwertung außerhalb der engen Grenzen des Urheberrechtsgesetzes ist ohne Zustimmung des Verlages unzulässig und strafbar.
Das gilt insbesondere für Vervielfältigung, Übersetzung, Mikroverfilmung und die Einspeicherung und Verarbeitung in elektronischen Systemen.
Alle in diesem Buch enthaltenen Angaben, Ergebnisse usw. wurden von dem Autor nach bestem Wissen erstellt. Sie erfolgen ohne jegliche Verpflichtung oder Garantie des Verlages. Er übernimmt deshalb keinerlei Verantwortung und Haftung für etwa vorhandene Unrichtigkeiten.
Die Wiedergabe von Gebrauchsnamen, Handelsnamen, Warenbezeichnungen usw. in diesem Werk berechtigt auch ohne besondere Kennzeichnung nicht zu der Annahme, dass solche Namen im Sinne der Warenzeichen- und Markenschutz-Gesetzgebung als frei zu betrachten wären und daher von jedermann benutzt werden dürfen.

Inhalt

Vorwort – um was es hier (nicht) geht 5

1. Einleitung: Social Media – ein großer Marktplatz 9

2. Basics – der Post als Köder 17
    Das Wesentliche – authentisch sein 18
    Was texten wir wo und wann? Erklärung von Begrifflichkeiten 20

3. Von Opas und Marken – Texte im Social Web 35
    Regeln machen Sinn – Netiquette 36
    Wir essen jetzt Opa! Richtig schreiben – besser ist das! 38
    Content is king – der Inhalt ist König 39
    Mehrwert – wie es euch gefällt (oder nützt)! 41
    Guter Ruf ist Goldes wert – einen Online-Ruf aufbauen und sichern ... 42
    Fans – die Marke repräsentieren 43
    Was heißt hier Werbung? – Kunden gewinnen 45

4. Für jeden das Passende dabei – auf dem Marktplatz des Social Web ... 49
    Das digitale Appetithäppchen – about.me 50
    Der blaue Riese – Facebook 58
    Das Imperium hat zugeschlagen – Google+ 76
    Einfach (aber) global – LinkedIn 93
    Litfaß lässt grüßen – Pinterest 114
    Sag's mit 140 nur – Twitter 121
    Businesskontakte unter DACH und Fach – XING 133

5. Handwerkszeug für Poster 157
    Die Idee finden 158
    Den Stil entwickeln, die Schreibe üben 163

6. Tipps und Tricks zur Technik des Postens 171
    Darf's ein bisschen mehr sein? 172
    Praktische Tipps – nützliche Tools 176

7. Stolperfallen aus dem Weg gehen 179

Die liebe Zeit – das ist Ihr Mindesteinsatz! 180
Stolperfallen im Vorfeld verhindern – Social-Media-Guidelines 181
Trolle im Shitstorm – vom Umgang mit massiver Kritik 183

8. Vor Unwissenheit wird gewarnt 199

Rechtliches 200
Das kommt mir so bekannt vor – Fälschung oder nicht? 201
Pfui, das tut man nicht – Unarten 204

Statt eines Anhangs 207

Danksagung 208

Die Autorin 209

Vorwort – um was es hier (nicht) geht

Natürlich umfasst das Social Web viel mehr als die großen Social-Media-Netzwerke, um die es in diesem Buch geht. Die Grafik von Frédéric (Fred) Cavazza macht das deutlich (siehe Abbildung auf Seite 11). Deshalb möchte ich hier nur einige Platzhirsche nennen – alle vorzustellen würde schon ein Buch füllen:

- YouTube – Videos
- SlideShare – Präsentationen
- Flickr – Bilderdienst
- Scribd – Dokumente
- Playfish – Spiele
- eBay – Einkaufsgemeinschaft
- Qype – Bewertungsportal
- Foursquare – standortbezogenes Netzwerk
- dasauge – Fachportal
- ...

Die Netzwerke Facebook, XING & Co. sind wie einst die Dorfbrunnen auf den Marktplätzen: Treffpunkte für Arbeitende, Hausfrauen, Jugendliche, Müßiggänger, Reisende, Pärchen, Gaffer und Kaufleute – unter die sich hier und da ein paar Kobolde und Langfinger mischen. In diesem Sinn begreife ich die Web-2.0-Netzwerke als den großen Basar der internationalen Social-Media-Gemeinschaft. Dort begegnen sich Blogger, Videofans, Spieler, webaffine Akademiker, Schnäppchenjäger, einsame Herzen, Künstler – sowie Hardcore-Verkäufer und Trolle.

Weitere Bausteine des Social Web sind:
- Foren: die Informationsbörsen des (Social) Web, für alle Fragen des Daseins zwischen Himmel und Erde, zum Beispiel gutefrage.net
- Blogs: von Fachleuten und leidenschaftlichen Laien, die gern ihr Wissen teilen. Die Palette reicht von Schminktipps bis zu politischen Aktionen. Top- oder A-Blogger gehören zu den Meinungsmachern unserer Gesellschaft und spielen für Marketing und Public Relations eine bedeutende Rolle. In vielen Regionen der Erde arbeiten sie aktiv an der politischen Umgestaltung ihrer Länder mit. Allein zum Thema Blogs könnte man einen dicken Wälzer schreiben.
- Wikis sind Nachlagewerke wie Wikipedia oder die vielen Wissensportale der Schulen, Universitäten und so weiter – aber auch Satireformen wie Stupidedia. Sie leben von dem Engagement freiwilliger Mitarbeiter wie Sie und ich.
- Online-Presseportale wie PR-Gateway sorgen für die digitale Verbreitung von Pressetexten – ein Baustein für die Anbindung der Offline- an die Onlinewelt. Schon hierüber könnte man ein Buch schreiben.
- Fachportale für verschiedene Berufsgruppen, beispielsweise dasauge.de für Designer, Gestalter und andere Kreative.

Habe ich was vergessen? Ganz bestimmt. Zum Beispiel das Thema „Texten für mobile Endgeräte" konnte ich nur streifen. Dafür sind noch andere Aspekte zu berücksichtigen. Aber wohin damit?

Sie sehen, kaum kratzt man an einem Thema, sind ein paar Seiten vollgeschrieben.

Melden Sie sich und schreiben Sie mir, was Sie noch interessiert, was Sie vermisst haben. Auf allen Portalen, die ich Ihnen in Kapitel 4 vorstelle, können Sie mich treffen. Es freut mich, von Ihnen zu lesen!

Deswegen lassen Sie mich endlich anfangen: Wie schreiben Sie Texte im Social Web, die gut ankommen, Freude machen, gut verkaufen und seriös sind? Vielleicht kann ich Ihnen ein paar Tipps geben.

Der Marktplatz ist eröffnet!

Einleitung: Social Media – ein großer Marktplatz

Während das Buch entstand, hat sich die Social-Media-Welt verändert. Jede Woche gab es Neuheiten, Überraschungen und Veränderungen. Dabei ist das Prinzip von Social Media nicht neu: Es geht zu wie auf einem Marktplatz. Und das Zauberwort heißt Kommunikation. Man trifft sich, kauft und verkauft, handelt, testet, hält ein Schwätzchen, tauscht Neuigkeiten aus, verteilt Visitenkarten und lädt ein. Auf dem Social-Media-Marktplatz begegnen sich Personen, Unternehmen, Vereine und Parteien – weltweit, jede Sekunde des Tages, über verschiedene Kanäle, mittels Bildern, Videos und Texten.

In diesem Buch geht es im Wesentlichen um berufliche Aspekte. Allerdings sind die Grenzen oft fließend: Freunde werden zu Kunden und umgekehrt. Eine Voraussetzung ist die Bereitschaft zur Transparenz. Werbung spielt eine Rolle – doch nicht im alten Push-Stil, der auf Kundenfang zielt (push = drücken). Zeitgemäß ist das Pull-Prinzip: herausfinden, was Menschen wünschen, und danach Produkte anbieten (pull = ziehen). Auf diese Weise entstehen langfristige Bindungen – im B2C- wie im B2B-Bereich (Endkunden- wie Unternehmenskundenbereich).

TIPP Lesen Sie das Buch so, wie Sie es wollen. Wenn Sie sich zuerst informieren möchten, welche Portale für Sie infrage kommen, beginnen Sie mit Kapitel 4. Sind Sie neugierig, was ein Shitstorm ist, starten Sie mit Kapitel 7.

Immer mehr Unternehmen setzen Social Media ein. Noch liegt der Fokus auf den Kundenbeziehungen. Doch Imagepflege, Marktforschung und Recruiting gewinnen an Bedeutung. Das legt eine aktuelle Studie der BITKOM nahe. Deren Präsident Professor Dieter Kempf betonte: „Soziale Netzwerke haben sich zu zentralen Anlaufstellen im Web entwickelt und sind wegen ihrer hohen Reichweite die mit Abstand beliebteste Plattform für Unternehmen." (Quelle: bitcom.org, http://bit.ly/Nq0uH2)

Hier gibt es ein kurzweiliges Video zur Einstimmung: „Social Media Revolution 2012" in der deutschen Übersetzung vom Institut Michael Ehlers: http://bit.ly/OC1MkZ.

TIPP

Der Marktplatz wird mobil

Social Media hat viele Facetten, wie die Grafik des französischen Social-Media-Experten Frédéric Cavazza zeigt: Businessportale, Blogs, Wikis, Microblogging (Kurznachrichten), Bilder- und Videoportale, Social-Bookmarking, Spieleplattformen, Einkaufsgemeinschaften und vieles mehr.

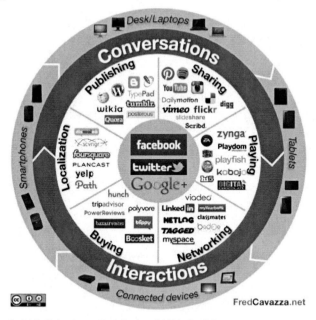

Social Media Landscape 2012. Dank an Frédéric (Fred) Cavazza.
Quelle: http://bit.ly/MBPdmu

Ein Blick in die Zukunft – SoMoLo

Social Media wird mobil, das steht fest: Mitte 2012 interessierten sich 44,3 Prozent aller Smartphone-Besitzer für Unternehmen, Marken oder Veranstaltungen. Twitter legte bei den mobilen Nutzern 115 Prozent zu, LinkedIn 134 Prozent (artegic.de, http://bit.ly/OQwpjt). Ab 2014 werden mehr User mobil ins Netz gehen als an ihrem PC oder Mac (Morgan Stanley Research, http://bit.ly/Qjd9N4, Folie 8).

In Kombination mit dem zweiten Trend, dem lokalen Aspekt, spricht man heute von SoMoLo (von Social, Mobile und Local). Mit den mobilen Endgeräten kann man sich in Läden einchecken (und beim Kauf mit Rabatten „belohnt" werden), über Facebook seinen Standort bekannt machen oder nach der nächsten Imbissbude suchen. Schon jetzt meldet der Handel eine Umsatzsteigerung über mobile Endgeräte von 313 Prozent (http://bit.ly/OAGza7).

An wen richten sich Texte in Social Media?

In erster Linie an Menschen – und nicht an Maschinen. Das ist der Schlüssel für ein erfolgreiches Engagement in Social Media. Und so sollte man seine Kunden, Freunde und Fans ansprechen.

Eine der häufigsten Fragen, die an mich gestellt werden, lautet: „WAS soll ich denn da schreiben?" Die Antwort ist klar: Das, was Sie verkaufen möchten oder interessant finden, was aktuell oder wiederholenswert ist, was Ihnen gefällt, was Aufmerksamkeit erregt und, was Spaß macht. Und manchmal genügt schon ein Wort, um Kommunikation herzustellen.

Das A und O für erfolgreiches Texten im Social Web ist ...
- die Zielgruppe zu kennen – und deren Wünsche und Bedürfnisse (Kunden, Presse, Mitarbeiter ...)
- zu überlegen, wen man beobachten oder testen will (Branchen, Experten, Wettbewerber ...)
- zu wissen, welches Portal sich wofür und für wen am besten eignet
- Mehrwert zu bieten, um andere auf sich aufmerksam zu machen
- zu wissen, wer das alles pflegen soll – sprich: die Texte schreibt, auf Kommentare reagiert etc.
- offen zu sein für Wünsche, Anregungen und Kritik
- Interesse für andere zu zeigen
- ab und zu Fragen zu stellen („Was meint ihr?"/„Was meinen Sie?")

Expertenwissen und Reputation – Geben und Nehmen

Als ich das Social Web kennenlernte, war ich völlig irritiert über diese neue Welt. Doch bald erkannte ich ihre Vorzüge: Spaß haben, Kunden gewinnen und Expertenwissen erhalten. Ich lese die Blogs und Postings der „Influencer", kommentiere, verlinke oder retweete sie. Daneben schreibe ich meinen Blog *Aus dem Nähkästchen einer Texterin* oder Gastbeiträge in anderen Blogs. So bin ich jetzt selbst Multiplikatorin.

Einen Teil seines Wissens abzugeben, stärkt die Online-Reputation. Geben und Nehmen ist das Herz von Social Media. Das bringt Fans und Kunden. „Social Sharing – Teilen macht Freude" nennen es Anne Grabs und Karim-Patrick Bannour (2011, Seite 269 ff.). PR-Doktor Kerstin Hoffmann propagiert das *Prinzip kostenlos*. Der Untertitel ihres Buchs bringt es auf den Punkt: *Wissen verschenken – Aufmerksamkeit steigern – Kunden gewinnen* (2012).

TIPP Nutzen Sie das Wissen von Experten aus Ihrer Branche und geben Sie es weiter. So bauen Sie sich einen guten Online-Ruf auf.

Social Media ist Realität

Mit Social Media knüpfen und pflegen Sie Kontakte in die ganze Welt. Auch wenn Sie kein „großes Tier" sind. So hat mein Texter-Nähkästchen zur deutschen Sprache Fans in Brasilien, den USA, Italien und Südkorea – sagt meine Facebook-Statistik.

Teil des Social-Media-Marktplatzes sind die Veranstaltungen außerhalb des Netzes: Twittwoch (Twitter-Treffen), XING-Regionalmeetings, Seminare, Businessdinner, After-Work-Partys oder Vorträge. Dort stellen Sie sich persönlich vor. Egal, ob als selbstständiger Goldschmied, Verkäufer in einem Autohaus oder als Managerin: Sie repräsentieren Ihr Unternehmen und nicht umgekehrt. Nach den Treffen schreiben Sie Kontaktanfragen – auch das ist ein Aspekt des Textens.

Der Einfluss von Social Media auf Politik, Wirtschaft und Zeitgeschehen wächst beständig. Minister treten zurück, weil ihre gefälschten Doktorarbeiten bekannt werden (http://bit.ly/MCveKp). Firmen richten sich zugrunde, weil sie die User ihrer Facebook-Seite auffordern, sich dort nicht über ihre Produkte zu beschweren. Und die Rolle von Facebook und Twitter im „Arabischen Frühling" ist hinlänglich bekannt (http://bit.ly/NM6GeA).

Erst denken, dann klicken!

Es gibt eine dunkle Seite der Macht: Suchtgefahr, Spams, Mobbing, Shitstorm und so weiter. PR-Fachmann Klaus Eck warnte 2008 mit seinem gleichnamigen Buch vor der „Karrierefalle Internet" – das hat nach wie vor Aktualität. Zeitmanagement und Wachsamkeit haben deshalb Priorität: Kontoeinstellungen und Privatsphäre liegen in Ihrer Verantwortung. Passwörter sollten regelmäßig verändert und für die Anmeldungen separate Mail-Adressen verwendet werden. Nach dem Motto „Erst denken, dann klicken" drücken Sie die Entertaste nach Prüfung Ihres Beitrags – und sei er noch so klein.

Und schon sind wir mittendrin: Was schreibt man im Social Web? Und wie? Was muss ich beachten? Was ist ein No-Go, was ein Muss?

Social Media ist ein grenzenloser, weltumspannender Marktplatz. Im Mittelpunkt steht der Mensch. Eine gute Online-Reputation und die Idee des Gebens und Nehmens tragen wesentlich zum geschäftlichen Erfolg bei. Social-Media-Beziehungen sind Teil unserer Realität. Und die können manchmal zur Falle werden. Deshalb: Erst denken, dann handeln. Vor allem bei dem, was geschrieben wird.

KOMPAKT

Basics –
der Post als Köder

Das Wesentliche – authentisch sein

Der Großteil der Social-Media-Kommunikation findet über schriftliche Beiträge statt – selbst wenn Bilder „das Social Web regieren" (Lars Bude 2012, http://bit.ly/RALE6M). Dazu gehören „einfache" Posts, Artikel in Blogs und Wikis (Wissensportale) oder Diskussionen in Gruppen. Alle diese Beiträge sind Türöffner und Köder, die neugierig machen – auf Sie, Ihr Unternehmen, Ihre Produkte. Und manchmal verführen sie zum Handeln – mit einem Call-to-Action (Call-to-Action ist „Martketingsprech" und bedeutet „Aufruf zur Handlung"). Dazu bieten sie Fans, Followern und Freunden (siehe unten) einen echten Mehrwert, sprich Nutzen: Wissenswertes, Unterhaltung, Rabatte, Einladungen ...

TIPP Als Social-Media-Neuling schauen Sie sich erst in Ruhe an, was andere posten, verlinken und kommentieren. Haben Sie die Vorgehensweise verstanden, versuchen Sie selbst sich „einzumischen". Sobald Sie sich sicher fühlen, starten Sie mit dem Verfassen eigener Beiträge. So erkunden Sie diesen gigantischen Online-Marktplatz Schritt für Schritt und Stand für Stand – will sagen: Plattform für Plattform.

Seien Sie authentisch! Das ist DAS Geheimnis für Social-Media-Erfolge. Posten Sie nur, was Ihnen wichtig erscheint, was Sie wirklich interessiert, erfreut oder bewegt. Wenn Sie einen Social-Media-Manager engagieren, sprechen Sie sich mit ihm oder ihr ab an. Lesen Sie, was in Ihrem Namen gepostet wird – und entwickeln Sie gemeinsam Ideen und Strategien.

Arbeiten Sie in einem Team aus Administratoren, agieren Sie gemeinsam. Nennen Sie Ihren Vornamen! Das ist für viele ein Zeichen von Offenheit und Transparenz und kommt sehr gut an (Beispiel: Deutsche Telekom auf Facebook).

TIPP

Der Inhalt eines erfolgreichen Beitrags muss nicht immer branchenrelevant sein. Mit kleinen Beiträgen zum Schmunzeln, Staunen oder Nachdenken erreicht man eine ganze Menge Leute. Größere Beiträge packen Sie am besten in Notizen (Facebook), Dateianhänge (XING), Blogartikel oder E-Books. So überlassen Sie Ihren Online-Gästen, was sie lesen möchten.

Privat, informativ, fachlich: So verschieden können Social-Media-Beiträge sein.
Quellen: www.facebook.com, www.xing.com, http://plus.google.com

Selbst wenn ein Beitrag nicht immer geliket wird, kann er gut ankommen. Es gibt viele User, die nie etwas liken (oder plussen, wie es auf Google+ heißt). Aber sie verfolgen aufmerksam, was Sie ins Netz stellen. Das ergibt sich dann mal zufällig in einer Mail, in einem Gespräch – oder bei einer Kundenanfrage.

Sorgen Sie also immer dafür, dass Ihr Post Anlass zum Diskutieren gibt. Reduzieren Sie das Werbliche auf ein Minimum beziehungsweise verpacken Sie es subtil. Der Leser soll immer einen Mehrwert beziehungsweise Nutzen davon haben. Sprechen Sie die Leser direkt an – mit „du"/„Sie" oder „ihr"/„Sie".

Was texten wir wo und wann? Erklärung von Begrifflichkeiten

Erfahrene Social-Media-Nutzer schmeißen manchmal mit (englischen) Begrifflichkeiten um sich. Neulinge verstehen dann nur „Bahnhof". Doch diese Begriffe sind ruck, zuck gelernt.

Kontaktanfragen
Egal ob auf Facebook, XING oder LinkedIn: Wenn Sie eine Kontaktanfrage versenden, schreiben Sie zwei, drei Sätze dazu. Erklären Sie, was Sie an der Person interessant oder sympathisch finden. Vermeiden Sie die vorformulierten Stereotypen (XING, LinkedIn) und verwenden Sie eine persönliche Anrede.

Beispiel: Zwei Kontaktanfragen
Guten Tag, Herr Müller,
herzliche Grüße aus X-Stadt. In Ihrem Profil habe ich gelesen, dass Sie Kontakte in meiner Branche suchen. Zwar wohnen wir nicht in der gleichen Stadt, doch vielleicht können wir uns hier über XING austauschen. Es freut mich, wenn Sie meine Kontaktanfrage bestätigen.
Einen erfolgreichen Arbeitstag wünscht
Name

Liebe Frau Meyer,
seit Jahren lese ich Ihren Blog und befolge Ihre Tipps. Deshalb hat mich gefreut, Sie hier auf Facebook zu finden. Das ist doch eine prima Gelegenheit, uns miteinander zu vernetzen. Denn auf einen persönlichen Austausch bin ich sehr gespannt.
Es grüßt Sie sehr herzlich, auf bald
Name

Ist der Kontakt besonders wichtig für Sie? Wenn Sie ihm zeigen, dass Sie seine Arbeit kennen, freut ihn das. Aber fordern Sie nichts und biedern Sie sich nicht an. Und fassen Sie sich kurz! Kennen Sie den- oder diejenige bereits? Dann haben Sie eventuell vereinbart, formlos Kontakt herzustellen.

Wollen Sie möglichst viele Fans? Dann gehen Sie den formlosen Weg. Sie entscheiden das alleine. Es kann allerdings sein, dass Sie sich dadurch interessanten Kontakten verschließen, die nur auf begründete Anfragen reagieren. Auch mir liegt die echte, persönliche Kommunikation am Herzen. Mit über 500 Kontakten wäre ich als meine eigene Social-Media-Managerin überfordert. Manchmal akzeptiere ich formlose Anfragen – wenn ich die Person interessant finde. Dann entscheide ich später, ob ich diesen Kontakt weiter pflegen möchte.

Bei Google+, Twitter und Pinterest ist das anders, weil Sie nur folgen beziehungsweise Ihnen wird gefolgt. Kontaktanfragen entfallen. Personen, die Ihnen folgen, packen Sie in Circles (Kreise; Google+) oder Listen (Twitter). Bei Pinterest sortieren Sie Ihre Boards, nicht ihre Kontakte. So lassen sich 1.000 Kontakte, die auf diesen Portalen schnell zustande kommen, prima verwalten.

Fans, Freunde, Follower

Manchmal purzeln die Bezeichnungen für die verschiedenen Kontaktmöglichkeiten durcheinander. Deswegen hier ein kleiner Überblick.

Wer folgt mir?

Plattform	Kontaktbezeichnung
Facebook	Unternehmensseite: Fan Profil: Freund
Google+	Follower
LinkedIn	Unternehmensseite: Follower Profil: Kontakt
Pinterest	Follower
Twitter	Follower
XING	Kontakt

Profil und Seite

Der Gebrauch dieser beiden Begriffe ist verwirrend. Frisch gebackene Social-Media-Fans steigen manchmal nicht ganz durch. Kein Wunder, denn auf den einzelnen Profilen herrscht ein uneinheitlicher Sprachgebrauch.

Zunächst: Ihre Profile auf Facebook oder Google+ sind für Ihre privaten Beziehungen. Für Einzelunternehmer ist die Trennung zwischen privaten beruflichen Kontakten mitunter schwierig. Denn die meisten Kontakte laufen – zumindest in der Anfangszeit – über die private Schiene. Und mit der Zeit können aus Kooperationspartnern „richtige" Freunde werden. Vielleicht machen Sie's so: Zunächst lassen Sie die private Kontaktanfrage eines beruflichen Kontakts zu – wenn Sie ihn kennen oder wenn er empfohlen wurde. Dann packen Sie die Person in Listen, Gruppen oder Kreise und veröffentlichen ihre Posts zielgruppengenau (Freunde, Kunden, Spezis, Nachbarn ...). Schließlich weisen Sie jeden neuen Kontakt auf Ihre Unternehmensseite hin.

Seiten in Social Media

Plattform	persönliche Seite	nicht persönliche (berufliche) Seite
about.me	Page (nur in Englisch; keine Unterscheidung zwischen beruflichem und privatem Auftritt); mehrere Seiten sind möglich	
Facebook	Profil	Seite/Fanpage: für Unternehmen (lokales Geschäft, Konzern), Marke, Produkt und Künstler, guter Zweck, Gemeinschaft (Interessenseite, ähnelt einer Gruppe), Unterhaltung (zum Beispiel Diskothek); mehrere Seiten sind möglich
Google+	Profil	Seite (hier gibt es auch ein Profil: der Teil der Seite, auf dem man seine eigenen Beiträge sieht); mehrere Seiten sind möglich
LinkedIn	Profil	Seite, mehrere Kategorien; mehrere Seiten sind möglich
Pinterest	Page (nur in Englisch; keine Unterscheidung zwischen beruflichem und privatem Auftritt)	
Twitter	Profil, mehrere Profile sind möglich	
XING	Profil	Unternehmensprofil, verschiedene Kategorien

Like, Share, Retweets, +1

Beiträge fast jeder Art können bewertet, kommentiert, geteilt oder mit Markierungen versehen werden.

Was kann man da machen?

Plattform	Symbol/Aufforderung	Beschreibung
about.me	Share	Seite wird auf Social-Media-Portalen empfohlen
	Compliments	Kompliment zur Seite geben, Hintergrund, Text; Angebot zur Kooperation
Facebook	Gefällt mir	Daumen nach oben (nach Eingabe), Verb: liken
	Kommentieren	Bemerkung zum Beitrag schreiben
	Teilen (auch "Sharen")	Beitrag weiterleiten
Google+	+1	Beitrag gut bewerten
	Pfeil	Beitrag teilen
	Kamera	Hangout (kleine Videokonferenz) starten
LinkedIn	Gefällt mir	Symbol erscheint beim Bewerten: Daumen hoch
	Kommentieren	etwas zum Beitrag anmerken
	Mitteilen	erhaltenes Updates teilen
Pinterest	Follow (roter Kasten)	Folgen (Abonnieren)
	Pinnadeln (Repin)	Beitrag übernehmen
	Herz (Like)	Gefällt
	Sprechblase (Comment)	Bemerkung zum Beitrag

Plattform	Symbol/Aufforderung	Beschreibung
Twitter	Antworten	Nachricht an den Absender des Tweets
	Retweeten (Abk.: RT)	Tweet an eigene Follower weiterleiten
	Favorisieren	Tweet in einer Favoritenliste ablegen
XING	Stern	Beitrag „interessant" finden
	Sprechblase	Beitrag kommentieren
	Akte mit Reiter	Beitrag mit Lesezeichen markieren und speichern
	Empfehlen	auf XING, Facebook, Twitter

Weitere wichtige Informationen zu den Markierungen finden Sie in den entsprechenden Kapiteln.

Post – Posting

Übersetzt meint Posting im Social Web „Beitrag", das deutsche (Fremd-)Wort Post („Sendung") steckt darin. Im Post oder Posting schreiben Sie, was Sie in erster Linie (potenziellen) Kunden, Freunden oder Mitarbeitern sagen möchten – Sie posten etwas. Auf Blogs und in Wikis schreiben Sie Artikel für eine breite Öffentlichkeit.

An dieser Stelle erinnere ich nochmals an die Grundregel „Erst denken, dann klicken!" Mit einem Posting setzen Sie sich ins Licht der Öffentlichkeit. Deshalb überlegen Sie gut, was Sie schreiben, und kontrollieren Sie Ihren Text vor dem Drücken der Entertaste – egal wie klein er ist. Das kann manche böse Überraschung vermeiden. Vor allem im Hinblick auf Namen, Zahlen, Fakten, Zeitangaben und so weiter.

Die Posting-Pyramide, ©Text@Plan

Sie haben die volle Verantwortung für alles, was auf Ihren Portalen erscheint – einschließlich der Beiträge Ihrer Freunde, Fans und Follower!

about.me
Auf about.me lässt sich nichts posten. Die Seite ist eine Art Web-Visitenkarte. Allerdings kann man sie auf andere Social-Media-Portale weiterleiten.

Facebook

Bei Facebook heißt das Profil-Posting *Status*. Zusammen mit dem Text können Sie Bilder oder kleine Filme hochladen oder im Text einen *Link* setzen (Verweis auf eine andere Webseite). Außerdem ist es möglich, weitere Personen anzugeben, die sich aktuell mit Ihnen an einem bestimmten Ort befinden, und den Erscheinungstermin im Voraus zu planen.

Vorsicht bei den *Lebensereignissen*: Sie haben selbst in der Hand, was über Sie zu lesen ist. Schützen Sie Ihre Privatsphäre und die Ihrer Familie und Freunde! Wenn Sie an dieser Stelle (und überhaupt) Personen nennen, fragen Sie diese bitte vorher um Erlaubnis.

Eine Verknüpfung mit Twitter, XING, Pinterest und anderen Social-Media-Kanälen ist möglich.

Auf Ihrer Fanpage (Unternehmensseite) heißt der Post ebenfalls *Status*. Zusätzlich haben Sie die Möglichkeit, eine Veranstaltung einzustellen, einen Meilenstein zu setzen (zum Beispiel eine Firmengründung) oder eine Umfrage zu posten. Auch hier lässt sich der Status zeitgenau planen beziehungsweise eine Ortsangabe machen. (Quelle: www.facebook.com)

Posten Ihre Besucher etwas auf Ihrer Seite (Fanpage), ergibt das einen *Beitrag*.

Google+

Bei Google+ werden Sie gefragt: *Was gibt's Neues?* Sie hängen ein Bild oder YouTube-Video an, stellen eine Veranstaltung ein und setzen einen Link. Da Sie ja bei Google+ Ihre Kontakte in beliebig viele Kreise

(Circles) einteilen, legen Sie exakt fest, wer diesen Beitrag lesen darf (vom Einzelnen bis zur Öffentlichkeit). Klasse: Nichtmitglieder von Google+ können Sie per Mail informieren.

LinkedIn
Auf LinkedIn teilen Sie ein *Update* mit. Es ist möglich, einen Link anzuhängen – aber keine Bilder, Videos oder Dokumente. Dafür wird Ihr Post – wenn Sie wünschen – auf Twitter veröffentlicht.

Pinterest
Auf Pinterest werden Bilder, Videos und Links eingestellt. Ein Beitrag heißt *Pin* – er kommt an eine digitale Pinnwand. Sie können einen Pin von einem anderen Board (Pinnwand) auf Ihres repinnen oder ein neues hochladen. Beide Male haben Sie Gelegenheit, etwas dazu zu schreiben. Eine Verknüpfung auf Ihre Webseite sowie zu Facebook und Twitter ist möglich.

Twitter
Auf dem Microbloggingportal wird munter gezwitschert – die *Tweets* (von tweeten = zwitschern). Einen Tweet verfassen Sie auf Ihrem eigenen Profil. Auf dem Profil eines anderen Twitterers senden Sie diesem einen direkten Tweet (Direktnachricht). Da nur 140 Zeichen möglich sind, heißt es punktgenau zu formulieren.

XING: Persönliches Profil – Unternehmensprofil
XING nennt sein Posting *Mitteilung* (420 Zeichen). Hier ist es außerdem möglich, einen Link zu posten, ein kleines Stellenangebot einzustellen oder eine Umfrage durchzuführen. Ihre Mitteilung können Sie innerhalb von XING sowie auf Facebook und Twitter „empfehlen".

Blogs – Wikis – Online-Pressemitteilungen
Ein ganz anderes Potenzial haben Sie in diesen drei Bereichen. Sie können Bilder, Grafiken und Videos einsetzen, (relevante) Links einbauen und Keywords setzen – wie gehabt. Doch darüber hinaus sind Sie kaum an Zeichenvorschriften gebunden. Experimentieren Sie mit Textformen oder lassen Sie Ihrer Freude an Wissensvermittlung freien Lauf.

Natürlich gibt es hier ein paar Regeln wie die Relevanzkriterien auf Wikipedia. Online-Pressemitteilungen müssen journalistischen Ansprüchen genügen und dürfen keinen direkten Werbecharakter enthalten. Aber dafür ernten Sie hier die dicksten Früchte der Online-Reputation und erreichen vor allem Multiplikatoren wie Journalisten oder einflussreiche Blogger.

Links – Knotenpunkte

Ein Link (wörtlich: Verbindung, Anknüpfungspunkt) führt zu einer bestimmten Internetseite oder Datei (Text oder Bild). Oft handelt es sich um eine kopierte URL (Internetadresse), die sich als Rattenschwanz über mehrere Zeilen erstreckt.

Beispiel für eine lange URL
http://www.gutefrage.net/frage/kirschbaum-im-garten-kirschen-schmecken-aber-nicht-und-sind-kleiner-welche-sorte-kann-das-sein

Fast alle der 140 Zeichen kurzen Twitter-Beiträge könnten nicht geschrieben werden: Manche URLs sind sogar drei- bis viermal so lang wie ein Tweet. Um das zu vermeiden, stehen im Netz bestimmte Tools zur Verfügung. Damit lassen sich lange Links auf unter 30 Zeichen verkürzen. Am gebräuchlichsten sind bit.ly und tinyurl.com.

TIPP Wie Sie Links verkürzen und weitere Vorteile der entsprechenden Dienste erfahren Sie in Kapitel 6.

SEO – Suchmaschinenoptimierung für Social Media

SEO ist die Abkürzung für Search Engine Optimization (Suchmaschinenoptimierung). Dahinter verbirgt sich die Kunst der Platzierung von Webseiten ganz oben auf Google, Yahoo & Co. Dabei geht es natürlich um die unbezahlte Platzierung – nicht um die werbefinanzierte, die meist an erster Stelle (grau unterlegt) erscheint.

Wer im Netz gefunden werden will, muss in den Suchmaschinen möglichst oben platziert sein. Allerdings verändern sich die Ergebnisse immer wieder. Deswegen: stetig dranbleiben und regelmäßig testen.

Wie erreicht man das? Am einfachsten, ich erkläre es an einem Beispiel. Kurz vor Beendigung des Manuskripts hat mich Google für die Suchbegriffe *Social Media Texter* auf Platz 1 gesetzt, Yahoo auf Platz 8. Genauer gesagt, meine Webseite. Dafür habe ich zuvor meine relevanten Keywords beziehungsweise Schlüsselwörter mit AdWords (siehe unten) gecheckt und meine Webseite daraufhin abgestimmt.

Doch geschicktes Texten und Keywords setzen reicht nicht. Hinzu kommt die OffPage-Optimierung mit dem Linkbuilding (Verlinkung mit hoch bewerteten anderen Seiten) – SEO ist eine Wissenschaft für sich. Ihre Anwendung auf Social Media spielt ebenso eine Rolle. Zumal es dort zahlreiche Gelegenheiten gibt, Keywords unterzubringen.

Als Social-Media-Texter ist dieses Thema eine kleine Gratwanderung. Einerseits sollten die Texte für die Suchmaschinen optimiert werden, andererseits muss alles gut zu lesen sein. Das kann man aber durch ständiges Üben und in entsprechenden Seminaren lernen.

Für eine optimale SEO wenden Sie sich an Fachleute. Tolle Tipps finden Sie in diesem Artikel auf internetworld.de: http://bit.ly/NwkRY4. **TIPP**

Keywords/Tags – unverzichtbare Schlüsselwörter

Mit den richtigen Keywords (Schlüssel-, Schlagwörter) oder Tags (Markierungen) werden Seiten, Unternehmen, Personen oder Texte im Internet beziehungsweise in den Suchmaschinen gefunden. Ein Keyword kann in einem Text vorkommen oder in der Verschlagwortung von Bildern, Grafiken und Videos. Besonders günstig ist es, Keywords und relevante Links zu verknüpfen.

Ein Unternehmen in Hamburg, das zum Beispiel Schuhe verkauft, möchte zunächst unter den Keywords „Schuhe Hamburg" gefunden werden. Je nach Ausrichtung des geschäftlichen Schwerpunkts bieten sich außerdem „Kinderschuh", „Sneaker" oder „Maßschuh" an. Diese werden in den Drei-Zeilen-Status (ein Keyword) auf Facebook bis zur Online-Pressemitteilung (mehrere Keywords) eingebaut.

Das bekannteste Tool zum Finden und Analysieren infrage kommender Schlüsselwörter ist das kostenlose Keyword-Tool von Google (http://bit.ly/h1WELR). Ursprünglich wurde es zum Planen von AdWords-Anzeigenkampagnen der Suchmaschine entwickelt. Doch es ist wie geschaffen dafür, rentable Keywords herauszufinden.

TIPP Eine Einführung gibt dieses Video auf YouTube: http://bit.ly/NMb2B0.

Beispiel: meine Erfahrung

Noch vor zweieinhalb Jahren dümpelte ich mit meinem Webauftritt und einem toten XING-Account unter „ferner liefen" auf Seite 35 bei Google, bei Yahoo noch weiter unten. Um nach oben zu kommen, buddelte ich mich durchs Social-Media-Panoptikum und setzte überall meine Keywords ein: in Postings mit wertigen beziehungsweise relevanten Links verknüpft, auf meinen Social-Media-Seiten, in Alt-Texten für Bilder (Verschlagwortung) und in meinen Blog *Aus dem Nähkästchen einer Texterin*. So ging's langsam, aber stetig nach oben. Und nebenbei entdeckte ich dabei Social Media als meine wahre Texter-Passion.

Ein Facebook-Post mit einem relevanten Link. Quelle: www.facebook.com

Keywords lassen sich in jedes Posting einbauen. Hier ein kleines, beispielhaftes Social-Media-Potpourri für fleißige Keyword-Gärtner:
- Kontaktanfragen
- Posts auf allen Portalen
- Notizen auf Facebook
- Einladungen auf Google+
- Gruppenbeiträge auf LinkedIn
- Repins auf Pinterest
- Tweets auf Twitter
- PDFs auf XING (Dateianhänge mit Text)
- Blog- und Wiki-Artikel
- Antworten in Foren
- Texte zu Gewinnspielen
- Verschlagwortung von Bildern, Texten, Präsentationen
- Online-Pressemitteilungen

Vor allem Blogs sind wichtig, denn sie werden von Google hoch bewertet.

TIPP

Der richtige Zeitpunkt

Grundregel Nummer eins heißt: Posten Sie regelmäßig! Auf Unternehmerseiten empfehle ich zwei bis drei Posts die Woche, wenigstens aber einen. Bei einigen Seiten wie Facebook gibt es Statistiktools, die bei der Entscheidung helfen können. Im Allgemeinen gilt Donnerstag als der Tag, an dem die meisten User Posts lesen. Aber wenn das alle tun, haben Sie mehr Konkurrenz. Meiner Erfahrung nach eignen sich Montag, Mittwoch und Freitag. Wer vormittags postet, wird in der Mittagspause gelesen. Nachmittagsposts erfahren zum Feierabend hin die größten Zugriffe. Einzelunternehmer lesen (und posten) meistens früh vor Arbeitsbeginn oder abends, wenn Angestellte Feierabend haben.

Wer's genau wissen will, hilft sich mit professionellem Tracking. Das kostet zwar extra, kann aber eine lohnenswerte Ausgabe darstellen.

KOMPAKT Der Social-Media-Markt bietet Abwechslung im höchsten Maß. Jeder, der etwas für sich oder sein Unternehmen veröffentlichen will, findet hier einen Platz. Nichts muss, alles kann. Sie selbst haben in der Hand, was Sie posten wollen, wen Sie erreichen möchten und auf welchen Kanälen. Ausgerüstet mit verschiedenen nützlichen Tools und den richtigen Keywords, gewinnen Sie bald viele Freunde, Fans und Follower. Und dann ernten Sie die Früchte Ihrer Marketingarbeit!

Von Opas und Marken – Texte im Social Web

Regeln machen Sinn – Netiquette

Das Social Web heißt so, wie es heißt, weil es von Beziehungen – sozialen Kontakten – lebt. Natürlich sind Sie nicht mit jedem Kontakt eng befreundet. Aber im Laufe der Zeit lernen Sie viele Menschen kennen, die mit Ihnen ihr Wissen teilen und sich für (Sie und) Ihre Arbeit interessieren. Oder sie freuen sich auf Ihre Beiträge, schätzen Ihren Humor, die Qualität Ihrer Beiträge und Ihre inspirierenden Gedanken. Und wenn dann noch Begegnungen im sogenannten „echten Leben" stattfinden, kann aus einem Kunden oder Fan ein Freund werden. Das Virtuelle ist in Social Media sekundär.

Im Social Web macht sich nur Freunde, wer die Netiquette beachtet. So nennt man den ungeschriebenen Social-Media-Knigge. Respekt und wertschätzender Umgang sind die obersten Gebote. Menschliche, ideelle, juristische, handwerkliche und technische Aspekte fließen hier zusammen.

Netiquette

1. **Respekt** – angemessene Ansprache, freundlicher Umgangston, weder Beschimpfungen, Beleidigungen noch Verunglimpfungen.
2. **Ehrlichkeit** – keine Falschmeldungen wissentlich vorbereiten, wenn es passiert, sich entschuldigen.
3. **Privatsphäre** – Privatleben, Privateigentum und Intimsphäre achten – keine Adressen, Namen oder persönliche Vorlieben anderer veröffentlichen.
4. **Recht am eigenen Bild** – Bilder oder Videos von anderen Personen niemals ungefragt ins Netz stellen beziehungsweise mit Namen beschriften (taggen).
5. **Kommunikation** – Rechtschreibung beachten, lange Texte gliedern, „Bleiwüsten" (nur Text ohne Bilder) vermeiden, eventuell filtern: Überlegen, wer was lesen soll; wissenschaftliche Texte haben ihre eigenen Regeln.
6. **Urheberrecht** – sich nicht „mit fremden Federn schmücken" (fremdes geistiges Eigentum als eigenes darstellen), nicht ungefragt Werke mit Schöpfungscharakter kopieren, bei Freigabe Quellenangabe/Herkunft/Autor nicht vergessen.
7. **Umgang mit Kritik** – negative Posts möglichst nicht löschen, Kritik als Chance sehen, es besser zu machen. **Ausnahme:** Kommentare sind ehrverletzend, rassistisch, frauenfeindlich. Dann aber die Fans über die Löschung informieren.
8. **Dankbarkeit** – sich bei der Weiterleitung von wertvollen Tipps, Links und Hilfestellungen beim Absender bedanken.
9. **Technik** – für eine fehlerfreie Darstellung sorgen; unter Umständen Darstellungen von Blogs oder Wikis in mehreren Browsern prüfen.

Das ist meine Netiquette. ©Text@Plan

TIPP Der Deutsche Knigge-Rat hat acht Basispunkte in einem PDF zum Download zusammengefasst: http://bit.ly/Qlgb3e.

Wir essen jetzt Opa! Richtig schreiben – besser ist das!

Solide Rechtschreibung gehört aus gutem Grund zur Netiquette. Vor einigen Monaten kursierte eine Werbeanzeige durchs Internet. Angeboten wurde ein T-Shirt mit dem Aufdruck: „Wir essen jetzt Opa. Satzzeichen retten Leben". Die Botschaft ist klar: „Liebe Leute, gebraucht endlich Punkt, Komma & Co. – mit Sinn und Verstand"! Diese „anziehende" Marketingidee demonstriert die Macht der winzigen Zeichen. Ein Vertipper, ein Buchstabendreher oder ein gelegentlicher (!) „Rückfall" in die alte Rechtschreibung kann jedem passieren. Doch wer zu sorglos ist, wird oft nicht ernst genommen. Viele Kunden, Arbeitgeber und Mitarbeiter (!) assoziieren damit Unprofessionalität.

Gelegentlich sieht man Posts, die der Groß- und Kleinschreibung nicht folgen – ein Relikt aus der frühen SMS-Zeit. Möchten Sie so Ihre Beiträge verfassen, dann wechseln Sie nicht ständig hin und her. Ist Ihre Rechtschreibung und Zeichensetzung ansonsten in Ordnung, wird das konsequente Kleinschreiben vielleicht als persönlicher Stil angesehen.

Posts lassen sich bisher nur bei Google+ korrigieren (Kommentare sind nicht gemeint). Zwar können Sie fehlerhafte Beiträge löschen, aber das sollten Sie vermeiden beziehungsweise möglichst sofort erledigen (bevor jemand anders das lesen kann). Wer auf Nummer sicher geht und seine (längeren) Texte gegenlesen lässt, ist gut beraten. Besondere

Aufmerksamkeit gilt Namen, Fachbegriffen oder Wörtern, die fehlinterpretiert werden können, zum Beispiel Osama statt Obama (http://bit.ly/Ts5Beh), Macke statt Marke oder „Wegen der Geburt meiner Frau schließen wir für eine Woche".

Auf www.duden.de kann man Texte überprüfen lassen (bis zu 1.500 Zeichen). Es ist die Light-Variante der Vollsoftware, aber in Kombination mit der Word-Rechtschreibprüfung erzielt man eine ansehnliche Trefferquote. Zuverlässiger sind rechtschreibsichere Mitarbeiter beziehungsweise ein Lektor – vor allem für inhaltliche oder stilistische Patzer.

TIPP

Content is king – der Inhalt ist König

Mit guten Texten, frei von offensiver Werbung und mit SEO aufgepeppt, punkten Sie. Gefragt sind Beiträge, die Spaß machen, eine Wissenslücke auffüllen, Brisantes thematisieren, Fragen stellen oder beantworten, eine Meinung kundtun oder einfach nur ein Augenzwinkern servieren. Das Thema kann beruflicher oder privater Natur sein – wie es Ihnen gefällt.

Aber überfluten Sie Ihre Leser nicht. „Mäßig, aber regelmäßig", lautet die Devise. Sonst taucht guter Content in einer Postingwelle auf Nimmerwiedersehen unter. Haben Sie mehrere Social-Media-Auftritte, verlinken Sie diese untereinander. So erreichen Sie Kontakte aus den unterschiedlichsten Internet-Sphären. Auch das Äußere ist wichtig: kurze Sätze, knackige Headlines, Calls-to-Action (Aufforderungen zum Handeln) und Fragen (regen die Diskussion an).

Guter Content – Journalisten lieben ihn

Locken Sie Journalisten auf den Social-Media-Marktplatz – das sind ausgezeichnete Multiplikatoren. Pressemeldungen auf dem Postweg verlieren stetig an Bedeutung (2011: circa 22 Prozent, 2012: circa 12 Prozent; Quelle: Oriella-Studie: Digital Journalism 2012, http://bit.ly/PlsYX7).

Mit Social Media in die Zeitung kommen

Sie haben ein Café namens „Böhnchen". Auf der Suche nach einer guten Story landet ein Journalist auf Ihrer Twitter-Seite. Er liest die Weiterleitung eines Beitrags auf Facebook (oder XING): „Kaffee-Sehnsucht? Wer hilft? Na klar, wir! Aber so was die Bohne! Hier klicken: http://link.beispiel". Das bringt ihn zum Schmunzeln – er hat immer Lust auf Kaffee. Und die Abwandlung des geflügelten Worts „Aber nicht die Bohne!" macht ihm Spaß. Er klickt auf den angegebenen Link und landet auf Ihrer Pinterest-Seite. Die Bilder, die er sieht, gefallen ihm. Neugierig klickt er auf den Link, der zum Café-Blog führt. Unter „Neuheiten" erfährt er, dass Sie zusätzlich Kaffee-Röstkurse anbieten. Er denkt sich: „Prima Thema für ein Interview!" – und meldet sich bei Ihnen.

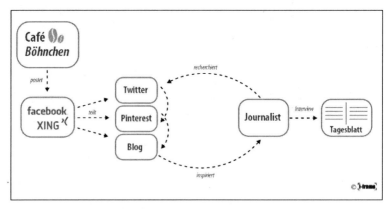

Beitrag bei Facebook einstellen, auf andere Netzwerke verteilen und in die Zeitung kommen. (©Kathi Andree, i-frame)

So kommen Sie mindestens zu einem neuen Kunden und vielleicht zu einem kostenlosen Zeitungsartikel. Auf diese Weise bin ich selbst zu einem Auftrag gelangt. Kurz gesagt: Texte in Social Media, vom 140-Zeichen-Post bis zum Gratis-E-Book, bergen ein großes Potenzial in Sachen Public Relations.

Mehrwert – wie es euch gefällt (oder nützt)!

Kleine Geschenke erhalten die Freundschaft: Warenmuster, Gutscheine und Kostproben. Für Social Media gilt das ebenso. Mit lesenswerten Beiträgen machen Sie Lust auf mehr. Für Mehrwert in Textform reichen manchmal wenige Sätze. Hier ein paar Ideen für guten Content:

- Tipps und Tricks aus Ihrem Expertenwissen
- aktuelle oder kuriose Nachrichten
- verständliche Rezepte oder Handwerkertipps
- Aufrufe zur Unterstützung einer guten Sache
- seriöse, attraktive Gewinnspiele
- Umfragen
- humorvolle Beiträge zur Imagepflege (Gedichte, Cartoons …)
- Check- und To-do-Listen
- E-Books/Whitepaper (Werbebooklets mit hohem Mehrwert)
- neueste Statistiken
- gehaltvolle Kommentare
- ein Blick hinter die Kulissen Ihres Unternehmens
- Diskussion anregende Blogbeiträge
- auf Beiträge in Blogs antworten
- Gastbeiträge in anderen Blogs

Entwickeln Sie Fantasie!

Link auf wichtigen Blogbeitrag, Gewinnspiel, Rezepte: unterschiedlicher Mehrwert.
Quellen: www.facebook.com, http://plus.google.com, www.xing.com

Guter Ruf ist Goldes wert – einen Online-Ruf aufbauen und sichern

Wikipedia definiert die Reputation im Netz als „Überwachung und Beeinflussung des Rufs einer Person, einer Organisation oder eines Produkts in digitalen Medien. Unter digitalen Medien werden dabei digitale Publikationen und User-Generated-Content (vom User erstellter Inhalt) verstanden." (Quelle: Wikipedia, http://bit.ly/MNnQ96)

Recherchieren Sie Ihre Online-Reputation – Ihre eigene, die Ihres Unternehmens oder Ihrer Marke. Googeln Sie sich zunächst selbst. Finden Sie sich nicht, sollten Sie schleunigst Ihre Internetpräsenz optimieren, unter anderem mit SEO.

TIPP Richten Sie sich einen Google-Alert über sich ein. Damit werden Sie per Mail informiert, wenn Google etwas Neues über Sie im Netz gefunden hat. http://www.google.de/alerts.

Drei Experten mit einer Top-Online-Reputation.
Quellen: http://plus.google.com, www.qype.com, http://twitter.com

Fans – die Marke repräsentieren

Manche Unternehmen konzentrieren ihre Social-Media-Strategie auf Marken. Ein Topbeispiel ist Nutella von Ferrero. In seinem Facebook-Auftritt werden die Fans des Schokoladenaufstrichs direkt angesprochen. Diese Marketingstrategie war effektiver als die größte TV-Kampagne (Quelle: http://bit.ly/T0zrGn). Kein Wunder: Der scheinbar simple Content trifft Herz und Geschmackszentrum. Im zweiten Beispiel zeigt sich auch die Kunst des Ein-Wort-Posts (mehr dazu in Kapitel 6).

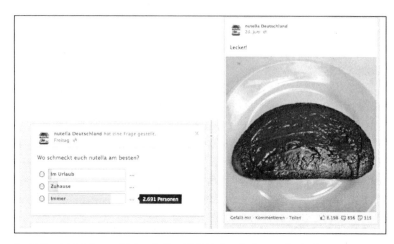

Geschickt nutzt Nutella verschiedene Posting-Möglichkeiten. Quelle: www.facebook.com

Aus dem Autoblog von AOL. Quelle: http://aol.it/Q3P93K

Ein weiteres Best Practice ist die Porsche-Aktion von 2010. Geplant war, die Grenze von einer Million Facebook-Fans zu sprengen. Dafür sollte es eine gigantische Dankeschön-Kampagne geben. Die Idee: einen 911 mit Namen von 27.000 Porsche-Fans zu versehen (http://bit.ly/S6N580). Kann man sich einen einfacheren Text vorstellen? Porsche hat mittlerweile mehr als vier Millionen Fans.

Was heißt hier Werbung? – Kunden gewinnen

Social Media eignet sich sehr gut für Werbung – aber wohldosiert. So mutiert jeder Beitrag eines Fans oder Followers zum Teil eines digitalen Werbekonzepts. Fan-Posts auf Firmenseiten gehören ebenso dazu wie die Kommentare, die sie hinterlassen.

Sogar das Beschwerdemanagement kann geschickt zur Werbung genutzt werden. Dafür muss ein Unternehmen offen sein und Mut zur Transparenz beweisen. Mehr dazu erfahren Sie zum Thema Shitstorm (siehe Kapitel 7).

Wer ständig mehrwertfreie Werbung postet, verjagt seine Kunden. Fans können ganz schnell „entliken" und im Nu ist nicht nur die Online-Reputation den Bach hinuntergegangen, sondern auch der Umsatz.

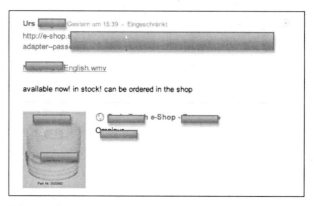

So besser nicht! Das ist pure Werbung! Quelle: http://plus.google.com

Gute Mitarbeiter finden und binden – Bewerber und Mitarbeiter

Immer weniger Menschen inserieren noch schwarz auf weiß. Das betrifft Arbeitgeber und Arbeitsuchende. Social Media ist der neue Tummelplatz für Headhunter, Recruiter, Jobsuchende und Praktikanten – ein großer Personalmarktplatz. Eine gemeinsame Studie der Otto-Friedrich-Universität Bamberg und der Goethe-Universität Frankfurt am Main betont, dass Social Media die „Leistungsfähigkeit der Recruiter" steigere (Quelle: http://bit.ly/QKBSKf). Dafür bieten einige Social-Media-Plattformen attraktive Auftrittsmöglichkeiten.

Employer Branding mit Social Media zu kombinieren, ist für einige Unternehmen schon längst Usus. Andere Firmen wissen immer noch nicht, wo in Zukunft die Musik spielen wird. Angesichts des demografischen Wandels wird sich dieser Trend fortsetzen. Die Digital Natives erblicken das Licht der Welt fast schon mit einem Smartphone am Daumen. Sie werden die Bewerbungsprozesse und die firmeninterne Kommunikation weiterhin verändern.

Karriereseite der Lufthansa. Quelle: www.facebook.com

Viele Firmen setzen verstärkt bestehende Mitarbeiter ein, um die besten Bewerber an Land zu ziehen. Das wirkt glaubwürdig und authentisch. Wer will nicht da arbeiten, wo alle zufrieden sind? Außerdem fördert ein Unternehmen zugleich seine Online-Reputation. In Zeiten des Fachkräftemangels ist das ein schlagkräftiges Argument für die Nutzung von Social Media.

> **Nachgefragt: Was macht es besonders für Sie zu arbeiten?**
>
> Mit der Deutschen Telekom agieren Sie in einem dynamischen Zukunftsmarkt. Die Vielfältigkeit des Konzerns sowie die Dynamik des Telekommunikations- und Informationstechnologiemarktes bieten jeden Tag unterschiedlichste und spannende Herausforderungen - für jedes Talent. Mehr informationen
>
> **Nachgefragt: Wie würden Sie die Firmenkultur umschreiben?**
>
> Die Telekom befindet sich im Wandel.
> Entsprechend wandelt sich auch die Führungs- und Unternehmenskultur - insbesondere durch die Einführung sogenannter Guiding Principles.
> Getragen von Führungskräften im gesamten Konzern, sollen diese Leitlinien allen Mitarbeitern den Weg zu einer serviceorientierten neuen Telekom weisen. Mehr Informationen

Employer Branding der Deutschen Telekom bei XING. Quelle: www.xing.com

TIPP Unternehmen haben für ihr Social-Media-Management eine eigene Form der Netiquette: die Guidelines. Mehr dazu in Kapitel 7.

KOMPAKT Ohne Regeln – eine Netiquette – läuft in Social Media nichts. Angemessenes Verhalten, gute Rechtschreibung, „königlicher" Inhalt mit Mehrwert und eine gute Online-Reputation: Das erfreut Fans, bringt Kunden, interessiert Bewerber und macht Mitarbeiter zufrieden.

Für jeden das Passende dabei – auf dem Marktplatz des Social Web

Das digitale Appetithäppchen – about.me

Als Füllhorn im Miniaturformat präsentiert sich die Web-Visitenkarte about.me. Das digitale Appetithäppchen beweist: Guter Content kann im Kleinen ganz groß sein.

Für einen internationalen Auftritt
Haben Sie Interesse an internationalen Kontakten? Dann sind Sie hier richtig! Obwohl about.me in deutschsprachigen Ländern (noch) weniger verbreitet ist, eröffnet sich damit eine Nische.

Zwar tritt about.me nur auf Englisch auf, aber Logik und Struktur sind schnell nachvollziehbar. Gute Schulkenntnisse reichen aus, um sich zurechtzufinden. Ihre Texte können Sie in jeder Sprache schreiben – oder gleich in zwei. Ausführliche Tipps verrät der Blog mit Tipps, Tricks und Best-Practice-Beispielen: http://blog.about.me/.

Vielseitig einsetzbar
Sie können für alles so eine digitale Visitenkarte anlegen – für sich, Ihr Unternehmen, Ihr Produkt ... eine ungewöhnliche Art des Marketings.

Top für Unternehmen
Mit about.me setzen Sie schnell und unkompliziert Ihre wichtigsten Keywords und Links in Szene – das ist prima für die SEO und Ihre Online-Reputation. Nutzen Sie die Gelegenheit, Keywords einzusetzen, Öffnungszeiten, Kontaktdaten – was Ihnen wichtig ist. Als Einzelunternehmer betonen Sie Ihre Kompetenzen – wie ein Bewerber. Denn Ein-Mann- oder Ein-Frau-Unternehmen bewerben sich ja ständig um Aufträge und Projekte.

Hier stecken die Keywords in den Tags. Quelle: http://about.me

Chefköchin JoAnna nutzt den QR-Code. Quelle: http://about.me

Für jeden das Passende dabei – auf dem Marktplatz des Social Web | **51**

TIPP Ein QR-Code leitet Ihre Besucher zu einem besonderen Special auf Ihrer Homepage, etwa zu einem Gutschein oder Gewinnspiel. So erfahren Sie beim Tracking, wer von der about.me-Seite zu Ihnen gefunden hat.

Geheimtipp für Bewerber

Mit about.me führen Sie Recruiter und Headhunter auf Ihre Seite, die Arbeitsproben, Referenzen beziehungsweise Lebenslauf enthält – oder Verlinkungen im Text führen dort hin. Die Headline bietet sich für eine Beschreibung der angestrebten Position oder Ihre Berufsbezeichnung an. Alternativ passt ein Motto, das Ihre Kompetenzen betont. Mit passendem (individuellem!) Hintergrund und einem Passfoto stellen Sie so eine Topbewerbung ins weltweite Netz. Das lohnt sich besonders, wenn Sie international auf Jobsuche gehen.

Die Bewerberin wählte ein Hintergrundbild, das zu ihrer Branche passt. Quelle: http://about.me

Bewerben Sie sich im Ausland, erstellen Sie eine zweite Seite in der entsprechenden Sprache. **TIPP**

about.me optimal einsetzen
Ihre about.me-Seite gehört in Ihre Web-Präsenzlisten auf XING, Google+, Facebook etc. In Ihrer E-Mail-Signatur verkürzt sie einen unübersichtlichen Rattenschwanz von Links. Der Vorteil: Je nach Online-Präsenz haben Sie so viele davon, dass kaum jemand sie alle anklickt. So landen Ihre Mail-Kontakte auf einer originellen Seite, die Lust auf mehr macht.

Mit about.me haben Sie zugleich eine Vorlage für einen ähnlich gestalteten Flyer – ein Tipp für Start-ups ohne eigene Homepage beziehungsweise Blog. So wird die Seite zu einem ersten Baustein für eine ansprechende Corporate Identity. **TIPP**

Schreiben – keine Hexerei
Das große Hintergrundbild kann aus einer Montage bestehen. Darauf steht ein verschiebbarer Textrahmen zur Verfügung (über *Edit Page*). Unter *Biography* öffnet sich ein Texteditor mit diversen Gestaltungsmöglichkeiten: Zwischenüberschriften, Absätze, Listen und drei Schriftschnitten.

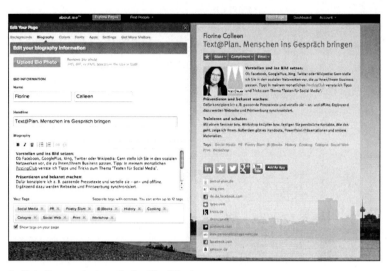

Der Texteditor von about.me. Quelle: http://about.me

Name und Überschriften

Integrieren Sie Ihren Namen oder den Ihres Unternehmens, Slogan, Kernkompetenzen, eine Frage mit Antwort, Positionierung, Titel ... Sie sind nicht festgelegt. Das können Sie alles jederzeit ändern. Als Richtschnur empfehle ich das, worunter Sie SEO-technisch gefunden werden möchten. Mit Ihren Namen verleihen Sie Ihrem Unternehmen ein Gesicht. Wirbt die Seite für ein Projekt oder ein Produkt, sind Titel, Slogan oder Produktname die richtige Wahl.

Haupttext

Sprechen Sie immer über sich, wenn Sie Ihre Produkte vorstellen. Aber machen Sie's wie beim Briefeschreiben: Vermeiden Sie, einen Abschnitt mit „Ich" zu beginnen. Zeigen Sie den Nutzen, den Ihr Unternehmen, Ihre Marke, Ihr Produkt oder Sie selbst für andere bieten. Gut zu wissen: Die ersten beiden Zeilen des Haupttextes erscheinen in der Google-Suche.

> **Florine Calleen** (text_at_plan) on **about**.me - about dot me
> about.me/text_at_plan
> Vorstellen und ins Bild setzen: Ob Facebook, GooglePlus, Xing, Twitter oder Wikipedia: Gern stelle ich Sie in den sozialen Netzwerken vor, die zu Ihnen/Ih.

Ergebnis aus der Google-Suche im August 2012. Quelle: www.google.de

Meiner Erfahrung nach sind bis zu 800 Zeichen optimal, höchstens aber 1.500 Zeichen – das entspricht circa einer DIN-A4-Seite. Damit sagen Sie das Nötigste und überfordern niemanden. Längere Texte sind leichter zu lesen, wenn sie mit Abschnitten und Zwischenüberschriften optisch gegliedert werden. Denken Sie an Ihre Keywords und setzen Sie Links. Kurze, präzise Sätze erfreuen das Leserherz – about.me ist ein richtiges Appetithäppchen.

Sie dürfen jede Sprache verwenden. Ideal, wenn Sie eine zweite Muttersprache haben oder im internationalen Business unterwegs sind.

Ideen für guten about.me-Content:
- Übersicht über Leistungen und Produkte
- Vorstellung einzelner Produkte oder Projekte (Inhalt, Nutzen)
- kleine (Marken-)Philosophie
- Ankündigung von Gewinnspielen
- Darlegung Ihrer Kompetenzen
- Auflistung beruflicher Daten und Fakten (mit einem sehr aussagekräftigen Bild)
- für Bewerber/Einzelunternehmer: Lebenslauf, Werdegang

Eine Seite für einen Film. Quelle: http://about.me

TIPP Setzen Sie im Text Links auf einzelne Seiten Ihrer Homepage beziehungsweise Ihres Blogs – ideal, um Referenzen oder Projekte vorzustellen.

Farben und Schriften (circa dreißig Typen) sind im Handumdrehen eingestellt (*Colors, Fonts*). Probieren Sie aus, was am besten zu Ihrer Seite oder Corporate Identity passt, ob (und an welcher Stelle) Sie den Textrahmen festsetzen wollen.

Tags – the international way
Mit den Tags bekommt jedes Keyword eine Solorolle. Dafür geben Sie im Editor bis zu zehn Schlagwörter ein (mit Komma trennen). Nehmen Sie Begriffe, unter denen Sie in der about.me-Suche gefunden werden möchten. Ich habe englischsprachige Tags genommen, um im internationalen Bereich gefunden werden zu können. Die Tags führen Sie zu anderen Profilen mit den gleichen Keywords. So holen Sie sich Inspiration für Ihr Geschäft – über alle Grenzen hinweg.

Apps

Nirgendwo wird Ihnen das Verlinken so leicht gemacht wie auf about.me. Unter *Apps* stellen Sie Verknüpfungen zu LinkedIn, Twitter, Google+, Facebook und vielen anderen internationalen Plattformen her. Markieren Sie andere Abonnement-Seiten als Favorites (Favoriten), werden diese automatisch über die Apps unter einem Stern (auf orangefarbenem Grund) zusammengefasst. Unter *Apps – Add An App* fügen Sie Links zu Ihren Webpräsenzen ein.

Ein Hinweis zu Facebook: Geben Sie lediglich die Fanpages an, die Sie als Seiteninhaber führen. Wenn Sie Administrator von Kundenseiten sind, klicken Sie NICHT auf den Facebook-Button. Stattdessen gehen Sie wie für XING oder Ihre Webseite auf *Add a URL* und geben nur Ihre eigene Seite an.

TIPP

Best-Practice-Beispiele:
- Pilates- und Tanzstunden: http://bit.ly/MUeaOR
- Lebenslauf: http://bit.ly/QGAlnB
- karitatives Engagement (englisch): http://bit.ly/MUddpA

About.me ist ein digitales Appetithäppchen. Damit präsentieren Sie Internetauftritte, stellen Unternehmen und/oder Produkte vor oder gehen auf Jobsuche. Spitze für Ihre SEO: Keywords lassen sich im Text und als einzelne Tags einfügen. Die Kombination aus aussagekräftigem Bild und gutem Content (auch zweisprachig) überzeugt nicht zuletzt durch leichte Bedienung. Bilder und Texte lassen sich im Handumdrehen ändern. Besucher können auf Ihre sämtlichen Webpräsenzen gelenkt werden – über Buttons oder über Textverlinkungen.

KOMPAKT

Der blaue Riese – Facebook

Über 995 Millionen Personen aus aller Welt tauschen sich auf Facebook aus. Bei den Jugendlichen hat der Sozial-Web-Platzhirsch der E-Mail längst den Rang abgelaufen. Die Zahlen sind relativ zu betrachten: 83 Millionen Konten sollen Fakes (Fälschungen) sein (http://bit.ly/PgGkUX). Trotzdem hat sich Facebook weltweit zum wichtigen Marketingtool entwickelt – Tendenz steigend. Bleiben Sie deshalb ständig am Ball – beispielsweise durch das Lesen spezieller Blogs (siehe Anhang). Privat sind Sie auf Facebook mit einem *Profil* dabei – dort haben Sie *Freunde*. Firmen, Marken, Künstler, Vereine, Magazine oder Freiberufler (der Einfachheit halber spreche ich immer von „Unternehmen") haben eine Seite für Fans, Fanpage genannt. Ebenfalls möglich sind Karriere- und Gemeinschaftsseiten.

TIPP Zwei Dinge vorab: 1. Von Anfang an MUSS ein Impressum vorhanden sein (siehe hierzu Unterkapitel *Klein, aber oho! – Die Info in der Seiten-Info* auf Seite 64). 2. Unter *Seite bearbeiten – Genehmigungen verwalten* wird die Seite vorübergehend unsichtbar. So können Sie in Ruhe daran arbeiten.

Das persönliche Profil – ein Fall für Checker

„Verstand an!" – so heißt es beim Posten auf Facebook. Der Ton ist recht locker. Da vergisst man schon mal, wer alles mitlesen kann. Also, weder Geheimnisse noch Intimitäten ausplaudern! Selbst wenn Sie einen pikanten Post löschen: Durch das Tempo der viralen Verbreitung erlangt jeder Beitrag Unsterblichkeit.

Erst checken, dann posten! Bevor Sie nur ein Wort schreiben, regeln Sie Ihre Kontoeinstellungen und Ihre Privatsphäre. Sie überprüfen ja auch Ihr Auto, bevor Sie damit verreisen, oder? **TIPP**

Du oder Sie – was geht?
Schnell fällt das „Du". Schließlich versteht man sich auf Facebook als Teil einer weltweiten Gemeinschaft – auf der Suche nach Austausch und Kommunikation. Je nach Alter, Geschäftsbeziehung oder Einstellung bleiben trotzdem manche beim „Sie". Haben Sie Freunde und Fans in beiden Gruppen? Dann wählen Sie das „ihr" und „euch". Aber früher oder später sind die meisten beim „Du".

Sichtbar sein und chatten
Rechts unten auf Ihrem Profil haben Sie Gelegenheit mit Ihren Kunden und Geschäftspartnern zu chatten – vorausgesetzt, Sie sind Freunde. Das funktioniert aber nur, wenn Sie Ihre Anwesenheit auf Facebook öffentlich machen. Möchten Sie das nicht, klinken Sie sich an dieser Stelle aus (Zahnradsymbol unten rechts , *Chat deaktivieren*). Dann kommunizieren Sie über die Nachrichten (Sprechblase ganz oben links). Das funktioniert auch von der Fanpage aus – ohne dass Sie und Ihr Gesprächspartner Freunde sind.

Immer schön wachsam sein – Vorsicht, Hoax!
Eine Menge der User glauben jeder Falschmeldung – Hoax genannt. Bleiben Sie lieber cool und checken Sie die Quelle eines Posts! Klicken Sie nur etwas an, dessen Ursprung Sie vertrauen oder kennen. Das gilt im gleichen Maße fürs Teilen, Kommentieren und Liken!

TIPP Auf www.mimikama.at wird regelmäßig vor Falschmeldungen gewarnt: http://bit.ly/RMAhIT.

Profil-Postings mit Punktlandung – Freunde checken

Sind Sie Einzelunternehmer und pflegen Sie Ihre Businesskontakte nur über das Profil? Dann ändern Sie das, denn so erreichen Sie noch mehr potenzielle Kunden! Allerdings: Selbst mit einer Fanpage erhalten Sie weiterhin Kontaktanfragen übers Profil. Das leuchtet ein, denn eine Reihe von Kunden und Kontakten lernen Sie auf einer Veranstaltung, über persönliche Empfehlung oder in einer Gruppe kennen. Auf jeden Fall erhöhen Sie Ihr Kontaktpotenzial, wenn Sie nicht-private Freunde zulassen. Anschließend laden Sie diese Geschäftskontakte auf Ihre Fanpage ein.

Rückfrage zur Kontaktanfrage einer unbekannten Person.
Quelle: www.facebook.com

Auf dem Prüfstand – Kontaktanfragen

Kaum eine Kontaktanfrage wird bei Facebook von einem Schreiben begleitet (muss separat als Nachricht geschickt werden). Völlig fremde Personen frage ich deshalb über die persönliche Nachricht, wie sie auf mich kommen. Zu 80 Prozent kommt eine nette Antwort zurück – dann ist alles klar!

Private und berufliche Freunde trennen – mit Listen

Listen erleichtern das Kommunizieren. Damit erreichen Ihre Beiträge nur die Freunde, die sie zu Gesicht bekommen sollen! In welcher Kategorie Ihre Freunde sind, bekommen die nicht mit. Listen legen Sie unter http://on.fb.me/PgYDKy an.

Bestimmen Sie die Adressaten Ihrer Posts mithilfe von Listen.
Quelle: www.facebook.com

Kontakten auf die exklusive Art – Gruppen

Gruppen lassen sich beruflich nutzen. Dort treffen sich Experten, interessierte Laien, Wettbewerber (Geben und Nehmen!) und potenzielle Kunden. Hier tauschen Sie Tipps aus, pflegen Freundschaften oder organisieren Arbeitsgruppen. Jede Gruppe entscheidet für sich, wie Ton und Netiquette sind.

In offenen Gruppen ist alles öffentlich: Inhalt und Mitglieder. Geschlossene Gruppen haben ein öffentliches Mitgliederverzeichnis, aber Inhalte können nur Mitglieder lesen. Und geheime Gruppen sind für Außenstehende komplett dicht – wie exklusive Zirkel.

TIPP So finden Sie Gruppen: in der Suchleiste Ihren Wunschbegriff angeben und auf die Lupe klicken. Anschließend links auf Gruppen gehen und auswählen.

Tolle Austauschforen und Kontaktbörsen: die Gruppen. Quelle: www.facebook.com

Private Postings geschäftlich nutzen

Kunden und Geschäftspartner sind auch „nur" Menschen. Sie freuen sich, wenn Sie einen kleinen, unverfänglichen Einblick in Ihre Hobbys, Ihren Humor oder Ihr ehrenamtliches Engagement gewähren. Ich selbst bin so schon zu Aufträgen gekommen – gerade weil ich etwas von meiner Persönlichkeit gezeigt habe.

Manche Beiträge gefallen privaten und geschäftlichen Freunden.
Quelle: www.facebook.com

Texten auf Seiten – Grundsätzliches

Das *Marketing unter Freunden* (Holzapfel/Holzapfel 2010) funktioniert wie auf allen anderen Social-Media-Portalen: Es geht um Beziehungen, Transparenz und Dialogbereitschaft. Geschichten à la TelDaFax und Vodafone (Kapitel 7) beweisen, dass die Kommunikation mit den Fans viel Aufmerksamkeit erfordert. Wichtig: Ihre Beiträge werden immer gelesen – auch wenn es keine Likes oder Kommentare dazu gibt.

TIPP An jedem Post steht, wie viele Personen ihn gesehen haben. Zusätzlich verrät Ihnen das ausgezeichnete Monitoring-Tool unter *Statistiken*, welche Posts den Fans gefallen und welche weniger. Für große Unternehmen lohnt sich ein professionelles Monitoring.

Zu jedem Post erfahren Sie, wie oft er angesehen wurde.
Quelle: www.facebook.com

Klein, aber oho! – Die Info in der Seiten-Info

Bevor Sie in die simpel-hohe Kunst des Postens auf Facebook einsteigen, legen Sie Ihre Seiten-Info an. Eine Maske führt Sie durch das Prozedere.

Auf Ihrer Chronik (Timeline) sehen Sie links unter dem Profilbild den Link *Info*. Das ist eine Vorschau auf den gleichnamigen Bereich.

Nutzen Sie die Vorschau geschickt aus! Quelle: www.facebook.com

Haben Sie ein lokales Geschäft, eine Gemeinschafts- oder eine Unterhaltungsseite? Dann zeigt Ihnen die Vorschau Basisdaten wie Öffnungszeiten etc. Bei Unternehmen, Künstlern und Marken erscheint der Text, den Sie im Infobereich unter *Info* (!) eingetragen haben. In das Textfeld für die Info platzieren Sie Keywords, Kompetenzen, Nutzen, Vorzüge oder Aktuelles. Fassen Sie sich so kurz und knackig, wie Sie können und wie es passt. Verlinken Sie auf Ihre Webseite beziehungsweise Ihren Blog – das lockt Besucher an. Verlinken Sie dabei direkt auf das Impressum der Webseite. Es muss mit zwei Klicks erreicht werden. So wird den Impressums-Vorschriften in Hinblick auf die Smartphone-Benutzer Genüge getan.

Google zeigt zurzeit (August 2012) das Textfeld zur Telefonnummer auf. Ein anderes Mal wurden Inhalte aus den Notizen angezeigt.

> **Text@Plan** - Company - Köln, Germany - Map | **Facebook**
> www.facebook.com/TextPlan/page_map
> Phone, 0221.5502392 Leider ist mein Büro noch immer nicht ans Telefon- Festnetz angeschlossen ... die Kupferkabel sind voll! Deshalb bitte diese ...

Google findet Facebook-Einträge Ihrer Seite mehrfach – und jedes Mal anders.
Quelle: www.facebook.com

Deswegen gestalten Sie Ihren Infobereich sorgfältig – wer weiß schon, was Google davon anzeigt! Ein paar Tricks können Ihnen helfen:

Trick 1:

Verknüpfen Fanpage und Profil (im Info-Bereich des Profils). Achten Sie dabei peinlichst genau auf die exakte Schreibweise – so wie auf Ihrer Fanpage. Ansonsten stellt Facebook keine Verbindung her (siehe dazu Tipps von Inga Palme: http://bit.ly/MtYj9r).

Trick 2:

Setzen Sie bei der Einrichtung der Chronik (oder nachträglich) einen „Meilenstein" (über die *Statusmeldung*, dazu mehr im nächsten Unterkapitel). Der erscheint im Infobereich über dem Gründungsdatum.

Wann haben Sie Ihr Unternehmen gegründet, wann kam das Produkt auf den Markt, wann wurde der Künstler geboren und wann der Verein gegründet? Erzählen Sie zu ihrem ersten Meilenstein eine kleine (!) Geschichte, die Engagement und Freude widerspiegelt. Für jedes weitere besondere Ereignis fügen Sie einen Meilenstein hinzu. So erstellen Sie eine kleine Chronik.

Nutzen Sie den Infobereich Ihres Profils auch geschäftlich! Quelle: www.facebook.com

Meilensteine im Infobereich – Keyword hier ist Social-Media-Manager.
Quelle: www.facebook.com

Schokolade und Fußball in einem Meilenstein vereint. Quelle: www.facebook.com

Trick 3:
Servieren Sie einen Mix aus ganzen, nicht zu langen Sätzen und Aufzählungen. Schreiben Sie, was wichtig und wissenswert ist; denken Sie an Nutzen und Mehrwert. Hier ein paar Anregungen:
- Beschreibung: kurzer Überblick über Ihre Kernkompetenzen
- Aufgabe: was Sie für wen machen – in zwei, drei Sätzen
- Unternehmensübersicht: Aufbau und/oder soziales Engagement erwähnen
- Produkte: konkrete Angaben zu Ihrem Angebot. Hier haben Sie viel Platz, sorgen Sie für eine übersichtliche Gestaltung mit Absätzen und Sonderzeichen (+, *)
- Telefon: Platz für mehrere Nummern oder Extra-Text

Best Practice für die Facebook-Info:
- lernen und helfen sprachreisen (soziale Verantwortung): http://on.fb.me/Nl4Og8
- Kölner Stadt-Anzeiger (Meilensteine): http://on.fb.me/My8l9E
- Germanisches Nationalmuseum, Nürnberg (vor allem die Info-Info): http://on.fb.me/PkQX5p

Auf Seiten posten – Vielfalt ist angesagt

Die Statusmeldungen auf Facebook bieten mehrere Möglichkeiten, Ihr Unternehmen im guten Licht zu zeigen: Meilenstein, Veranstaltung, Frage (Umfrage) und die Statusmeldung an sich mit Link, Bild oder Video. Im Vordergrund steht die Kommunikation mit den Fans. Jeder Post erscheint auf Ihrer Pinnwand und in den Neuheiten Ihrer Fans (Startseite). Anders als beim Profil sind die Statusmeldungen öffentlich, sie lassen sich nur auf Ort und Sprache eingrenzen. Wenn Sie gezielt einzelne oder mehrere Personen ansprechen möchten, schreiben Sie eine Direktnachricht (oben links, Sprechblase) oder eine Mail!

Post auf Ort und Sprache beschränken. Quelle: www.facebook.com

Was gesagt werden muss, will, kann, darf – Statusmeldungen
In den klassischen Posts treten Sie direkt mit Ihren Fans in die Kommunikation – im Sinne des Geben und Nehmens. Dabei gilt es, höllisch aufzupassen: Trolle, die bösen Internet-Rowdys, warten auf gute Gelegenheiten, einen Shitstorm vom Zaun zu brechen (siehe Kapitel 7). Deswegen planen Sie jeden Post gut – sei er noch so klein. Setzen Sie auf Dialog, Transparenz und Freundlichkeit.

Links, Videos und vor allem Bilder (Studie: http://bit.ly/QaFNnc) machen Ihre Posts noch attraktiver. Wenn Sie kein eigenes Material einstellen, denken Sie an das Urheberrecht (Kapitel 8). Leiten Sie den Link von einer anderen Facebook-Seite weiter, bedanken Sie sich mit einem @-Zeichen vor dem Namen.

Das können Sie posten:
- einen guten Morgen, schönen Feierabend, tolles Wochenende, frohe Weihnachten – aber immer etwas anders, zum Beispiel begleitet von einem Bild oder Spruch des Tages/der Woche
- einen Blick hinter die Kulissen Ihres Unternehmens (Herstellung, Betriebsfeier, Neuheiten ...)
- News aus Ihrem Unternehmen (Produkt, Umzug ...)
- Hinweis auf ein Gewinnspiel (auf fast allen Social-Media-Portalen dürfen Sie keine direkten Gewinnspiele veranstalten)
- Tipps aus dem eigenen Expertenwissen
- allgemeine Tipps, die zur Fanpage passen: Empfehlungen, Rezensionen, Filmkritiken, Rezepte, Gesundheitstipps ...
- Link auf einen neuen Artikel oder eine aktuelle Pressemitteilung in Ihrem Blog/auf Ihrer Webseite
- Verlinken mit Ihren anderen Social-Media-Präsenzen

- Posten eines wichtigen oder lustigen Links von einem Blog oder einer Webseite zum Thema Ihrer Fanpage
- Link zu einem unterhaltsamen oder Wissen vermittelnden Video auf YouTube oder einer Präsentation auf SlideShare
- Hinweis auf ein Event, das nicht in den Veranstaltungen steht, aber erwähnenswert ist, etwa ein Stadtfest
- polarisierende Themen nur, wenn sie für das Thema der Fanpage relevant sind
- Meilensteine (siehe *Klein, aber oho! – Die Info in der Seiten-Info* auf Seite 64)
- Umfragen (siehe nächstes Unterkapitel)

Für das Posten hat sich bewährt:
- Häufigkeit: zwei- bis dreimal die Woche (nicht überfordern), mindestens einmal
- beste Postingzeit: montags bis samstags am Vormittag (10 Uhr) und am Abend (nach Feierabend, circa 18 bis 20 Uhr), sonntags den ganzen Tag
- Länge der Posts: ein Wort bis zu ein paar Zeilen. Wichtig sind: Aussage, Unterhaltungs- oder Mehrwert, Nutzen, Anregung ... Kürzlich fand man heraus, dass auf Facebook Drei-Zeilen-Posts am besten ankommen (http://bit.ly/Pmb1aE). Möchten Sie mehr Text schreiben, machen Sie Absätze, falls der Text länger wird!
- wichtige Beiträge hervorheben: dafür auf den Stern neben dem Bleistift klicken (beim Mouseover über den veröffentlichten Post)
- mit Twitter verknüpfen – bitte beachten: Nur die ersten 140 Zeichen landen dort

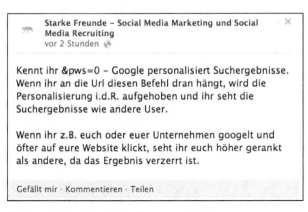

Ein längerer Post – sinnvoll und optisch gut gegliedert.
Quelle: www.facebook.com

Als Unternehmen können Sie auf anderen Seiten posten. Damit bringen Sie sich ins Gespräch. Natürlich haben Sie dabei die Netiquette im Kopf – Eigenwerbung ist ein No-Go!

Auf anderen Fanseiten posten? Na klar: im Sinne des Gebens und Nehmens.
Quelle: www.facebook.com

Die Fans aktivieren – Umfragen

Umfragen sind prima, um Fans direkt anzusprechen. Was essen sie am liebsten? Welche Wünsche haben sie an Ihr Unternehmen oder an die Regierung? Welche Meinung haben sie zu einem aktuellen Thema? Mit gezielten Fragen bekommen Sie einen Eindruck von den Wünschen und Vorlieben Ihrer Fans. So führen Sie eine kleine Marktstudie oder Meinungsumfrage durch.

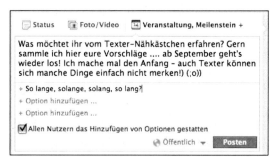

Um eine Umfrage zu erstellen, klicken Sie auf „Veranstaltung, Meilenstein +". Quelle: www.facebook.com

Hier ist was los – Veranstaltungen

Ob Betriebsfeier, Jubiläum, Werksführung oder Konzert: Laden Sie Ihre Facebook-Fans dazu ein, Sie zu besuchen! „Wir freuen uns auf Ihren Besuch" – das hört doch jeder gern, oder? Aber, Vorsicht: Auf einer Fanpage ist jedes Event öffentlich. Ist nur eine begrenzte Anzahl Teilnehmer zugelassen, geben Sie das im Text an. Nehmen Sie Eintritt oder ist das Event kostenlos, erwähnen Sie das. Sie können eine Gästeliste sichtbar machen – aber nicht jeder will preisgeben, wann er oder sie wo ist. Schließlich erscheint das Event zusätzlich im Reiter (auch Tab genannt) „Veranstaltungen" unterhalb des Profilbilds.

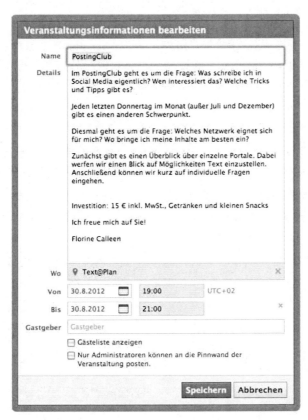

Das Erstellen eines Events ist ganz einfach. Quelle: www.facebook.com

Die Facebook-Schatztruhe – Notizen

Unter den voreingestellten Applikationen auf Facebook sind die Notizen mein Liebling. Leider werden Sie viel zu selten genutzt. Dabei warten sie mit jeder Menge Pluspunkte auf:

- **Vorteil 1:** Die Einträge werden nicht im Stream verbuddelt.
- **Vorteil 2:** Ihre Fans können sie wie die Posts liken, kommentieren und teilen.

- **Vorteil 3:** Sie können längere Texte wie Pressemitteilungen, Seminarunterlagen, Stellenausschreibungen und Aufsätze veröffentlichen.
- **Vorteil 4:** Stellen Sie PDFs ein – das geht zurzeit leider nur als Bild (als JPG) oder Sie packen es in eine App (nächstes Unterkapitel).
- **Vorteil 5:** Mit kleinen Serien bieten Sie attraktive Extras, zum Beispiel einen Adventskalender oder eine Projektdokumentation.
- **Vorteil 6:** Es geht kinderleicht! Klicken Sie auf den Ordner *Notizen* unter dem Titelbild, dann auf + *Notiz schreiben* und schon geht's los. Im Editorfenster gestalten Sie den Text nach Gusto und laden ein Foto hoch. Für die Nachbesserung machen Sie eine Zwischenspeicherung. Gefällt Ihnen, was Sie sehen, veröffentlichen Sie es.

Drei Best-Practice-Beispiele:
- Berliner Zoo: Liste der Jungtiere 2012, http://on.fb.me/TCwdsW
- EW – Extrawerbung: Anleitung für Facebook-Abonnements, http://on.fb.me/OgLGwT
- PR-Gateway: Tipps zu Pressemitteilungen, http://on.fb.me/RPe26o

Extras – Applikationen

Legen Sie Wert auf eine kompakte Präsenz? Dann richten Sie Applikationen ein, auf denen Sie weitere Inhalte posten. Diese erscheinen auf der Chronik unterhalb des Titelbildes und sehen wie kleine Reiter aus. Sie können die Reiter individuell gestalten – bis auf die Facebook-Applikationen *Fans, Karte, Notizen, Veranstaltungen* (es wird immer das Bild der letzten Veranstaltung gezeigt), *Bilder/Videos* (Sie sehen eine Vorschau auf das zuletzt hochgeladene Bild/Video). Applikationen werden teilweise kostenlos angeboten, zum Beispiel von 247Grad, Social Media Team, Werbeboten, eRecht24 und Facepages.

Nachfolgend ein paar Beispiele – vielleicht inspirieren sie Sie, eigene Applikationen (Tabs, Reiter) anzulegen.

- Impressum (ausführlich): Social Business Austria, http://on.fb.me/PXPznX
- Kommunikation mit den Fans: Deutsche Bahn (Baustellen), http://on.fb.me/OXGI78
- Jobs: Daimler Career, http://on.fb.me/ROmdgj
- Netiquette: Bahlsen, http://on.fb.me/TDXkUt
- Ausbildung: dm, http://on.fb.me/PnaSkx
- Spenden: Greenpeace international, http://on.fb.me/RMbqDh
- Engagement: Edeka, http://on.fb.me/ROfEKH
- Storefinder (Filialen suchen): Starbucks, http://on.fb.me/Sln99r
- Gewinnspiel: Vodafone (wöchentliches Quiz), http://on.fb.me/Slnl8H
- Blick hinter die Kulissen: Coca-Cola (die Macher der Facebook-Seiten), http://on.fb.me/N2xvIQ

KOMPAKT

Facebook eignet sich für Unternehmen aller Art, die in Dialog mit der Öffentlichkeit treten möchten. Das „Du" ist allgemein üblich, aber nicht zwingend. Freundlichkeit und Transparenz stehen im Vordergrund – aber Facebook-Fans können auch harsche Kritik üben. Deshalb müssen alle Beiträge von der Statusmeldung bis zur Applikation gut geplant werden – unabhängig von der Textlänge. Ständige Veränderungen und eine heikle rechtliche Lage erfordern es, immer bestens informiert zu sein. Wer sich nicht damit belasten will, engagiert einen Social-Media-Manager.

Das Imperium hat zugeschlagen – Google+

Im Sommer 2011 lanciert das Google-Imperium sein Social-Media-Portal. Innerhalb von nicht ganz drei Monaten hat das neue Netzwerk bereits 40 Millionen Mitglieder; im Juli 2012 sind es bereits 300 Millionen. Mit einem Zuwachs von über 43 Prozent ist es im Juni 2012 das am schnellsten wachsende Portal. (Quelle: http://bit.ly/RINyn0)

Google+ versus Facebook – müßig!

Ein Teil der Social-Media-Welt ist damit beschäftigt, das werbefreie Netzwerk ständig mit Facebook zu vergleichen. Ich halte das für müßig. Wer sich beschränken will, wählt das Portal, das ihm oder ihr am besten zusagt. Was Facebook und Google+ gemeinsam haben, ist der lockere Umgangston. Aber die Inhalte sind auf Google+ – meistens – gehaltvoller. Es gibt mehr gesellschaftliche und politische Diskussionen sowie ein stärkeres Interesse an künstlerischen sowie Online- und Technik-Themen. Und geht es eindeutig um relevanten Content und Dialog. Wer mitspielen will, muss gute Inhalte bieten. Das fördert die Online-Reputation.

> **TIPP** Um sich anzumelden, benötigen Sie ein Google-Kennwort. Wenn Sie Google-Mail nutzen, haben Sie es bereits. Hier melden Sie sich an: https://accounts.google.com

Was hat Google+ denn mit Google zu tun?

Das Netzwerk ist das jüngste Baby im Google-Imperium, zu dem unter anderem YouTube, Flickr, Android, Picasa und Blogger gehören. Interessanterweise haben aber im Ranking der Social-Media-Portale für die Google-Suche LinkedIn, Facebook und andere die Nase vorn

(Quelle: http://on.mash.to/065STw). Haben Sie ein Unternehmen, können Sie zu Ihrem privaten Profil eine Seite anlegen. Doch wie bei Facebook bildet das Profil ihre „Operationsbasis".

Zielgenau kommunizieren – Kreise machen's möglich

Das Wesentliche bei Google+ sind die Kreise (Circles). Sie folgen anderen und man folgt Ihnen. Wie bei Twitter stellen Sie keine Kontaktanfragen. Für jede Gruppe von Personen schaffen Sie einen eigenen Kreis: Kollegen, Freunde, sehr enge Freunde, Familie, Interessen- oder berufliche Gruppen. Der Kontakt kann in mehreren Kreisen „deponiert" werden. Jeder Post lässt sich bequem auf einzelne Kreise oder Personen eingrenzen – von öffentlich bis geheim. So haben Sie selbst die komplette Kontrolle über Inhalte, Kontakte und Privatsphäre-Einstellungen. Durch das Prinzip bekommen Sie sehr schnell Kontakte in alle Welt.

TIPP

Kontakte, die ich mir erst mal genauer ansehen will, bevor ich ihnen dauerhaft folge, sind im Kreis *Nur Folgen*. So kann ich vermeintliche Spammer, Fake-Follower und Trolle ausmachen und später aussortieren.

Persönliches Profil – berufliche Seite

Trotz der Möglichkeit, eine Seite einzurichten, steht bei Selbstständigen und Einzelunternehmern das Pflegen von persönlichen Beziehungen im Vordergrund – auch bei beruflichen Themen. Deswegen konzentriere ich mich im Wesentlichen auf das private Profil und werde am Ende einige Unterschiede zur Seite erörtern.

Ihre Profileinträge – Über mich

Für die Profileinträge unter *Über mich* hilft eine Maske. Beginnen Sie mit dem *Motto*. Als Eyecatcher soll es neugierig machen und etwas über Sie erzählen. Es ist nur für die Öffentlichkeit sichtbar – es sei denn, Sie verzichten drauf. Wählen Sie ein persönliches Motto, das Ihres Unternehmens packen Sie auf die Seite. Es sei denn, Sie nutzen das Profil beruflich. Haben Sie kein Motto, platzieren Sie einen knackigen Spruch, ein Zitat oder eine Redewendung, die zu Ihnen passt und auffällt. Und wenn Sie morgen etwas Besseres finden, ändern Sie es!

TIPP Im Kapitel 6 finden Sie einige Tipps aus der Texter-Werkzeugkiste, auch zum Basteln von Slogans.

In der *Intro* stellen Sie größere Texte ein. Dabei legen Sie fest, wer was sehen darf. So kann niemand Ihre Profilinformationen lesen, der das nicht soll. Hier schreiben Sie alles hin, was andere über Sie wissen sollen, oder was neugierig auf Sie macht. Der Editor hilft Ihnen dabei. In den Profilen Ihrer Kontakte bekommen Sie den besten Einblick in die Variationsmöglichkeiten.

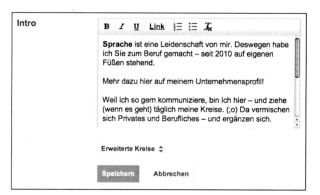

Sichtbar machen: Erweiterte Kreise sind Ihre Kreise und Kreise 2. Grades.
Quelle: http://plus.google.com

Wägen Sie ab, was Sie an persönlichen Informationen geben ohne sich zu „entblößen". Möglich sind:
- ein kleiner Lebenslauf, Kurz-Biografie, Steckbrief, „Sieben Fakten über mich"
- Ihre Interessen, Hobbys
- was Ihnen im Leben wichtig ist
- Hinweise auf Ihre Blogs und Webseiten
- eine Geschichte, die etwas über Sie erzählt (Storytelling)
- Veröffentlichungen (Bücher, Artikel), Rezensionen
- Listen zu Ihre Lieblingsserien, -filmen oder -büchern
- Preise, Auszeichnungen
- Ihr ehrenamtliches Engagement
- Keywords nicht vergessen!

```
Florine Calleen - About - Google+
https://plus.google.com/104398209119008215991/about
von Florine Calleen
Florine Calleen - Et hätt noch immer jut jejange ... - Texte und Konzepte: Internet/ Social Media,
Presse/PR, Seminar/Workshop - Text@Plan. Menschen ins ...

Florine Calleen - Google+ - Safety first: So macht ihr euer Google(+ ...
https://plus.google.com/.../posts/HuiujWgqeyJ
von Florine Calleen
11. Aug. 2012 – Safety first: So macht ihr euer Google(+)-Konto sichererer Ich muss ehrlich
sein: Bisher hielt ich es für ausgeschlossen, dass man meinen ...

Hot & Ripples - Google plus - das neue Netzwerk | XING
www.xing.com › ... › Foren › Fragen und Antworten
Google plus - das neue Netzwerk. Über diese ... Florine Calleen Premium- Mitglied
Gruppenmoderator ... Ausgezeichnet, vielen Dank. für den Google-Tipp!
```

Google indiziert unter anderem einen Betrag aus einer Google+-Gruppe auf XING! Quelle: http://plus.google.com

TIPP Fassen Sie sich eher kurz, damit Ihre Leser nicht die Lust verlieren und weiterklicken. Ein bis zwei Mal scrollen ist der Maßstab.

Auch in *Dies und Das* können Sie einen kleinen Beitrag unterbringen, etwa in einer zweiten Sprache, einen Geheimtipp aus Ihrem Expertenwissen oder einen aktuellen Hinweis auf ein Projekt.

TIPP Nutzen Sie das Profil beruflich? Dann platzieren Sie hier Ihr Impressum (zu dem Sie verpflichtet sind)! Alternativ stellen Sie es als entsprechenden Link an auffälliger Stelle in die Intro: www.ihre_seite.de/impressum.

Drei Best Practice für *Über mich*:
- Andreas Prokop, http://bit.ly/O9ONrR
- Tina Gallinaro, http://bit.ly/QjenfS
- Kerstin Paar, http://bit.ly/R75zoo

Das Posten – etwas Neues berichten
Wer auf Google+ Follower haben will, muss Beiträge teilen. Es nützt nichts, wenn die Kreise proppenvoll sind, aber kein Content geliefert wird. Denn nur wer gibt, bekommt auch! Wie bei Facebook können Sie Texte, Links, Videos oder Bilder (bitte an den Urheberrechtschutz denken) posten sowie Events einstellen. Gewinnspiele findet man hier selten – sie sind ebenso verboten wie auf Facebook.

Oft sind die Posts viel länger als etwa bei Facebook. Das hängt mit den spezifischen Interessen der User zusammen – es geht um Aktuelles, Diskussionen, Kritik oder Unterstützung.

Posten kinderleicht gemacht

Das Schreiben eines Posts ist ganz einfach. Sie klicken einfach in *Was gibt's Neues?* Dann hängen Sie Bild, Video oder Link an (oder stellen ein Event ein). Anders als bei Facebook können Sie Ihre Posts editieren – mit den drei kleinen Zeichen */-/_ vor und nach dem Text.

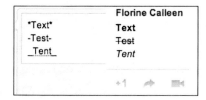

So formatieren Sie Text.
Quelle: http://plus.google.com

Sehr angenehm: Noch nach der Veröffentlichung können Sie ...
- den Beitrag korrigieren (praktisch bei Verschreibern)
- den Beitrag löschen
- auf den Beitrag verlinken – Sie erhalten die URL, die direkt zu dem Beitrag führt. So können sie ihn auf Facebook oder Twitter teilen.
- Kommentare deaktivieren – wenn Sie keine Kommentare zulassen möchten (geht später, bereits geschriebene Kommentare bleiben erhalten)
- erneutes Teilen deaktivieren: Sie verhindern, dass Ihr Beitrag geteilt werden kann.
- die Verbreitung anzeigen: Eine anschauliche Grafik stellt dar, wie oft der Beitrag sich durch öffentliches (!) Teilen verbreitet hat (Ripple-Diagramm).

Beispiele für *Neues*

Auch Ironie, Humor und Augenzwinkern machen einen Post lesenswert.

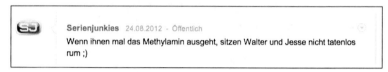

Post zu einer amerikanischen Serie mit zwei schrägen Vögeln. Quelle: http://plus.google.com/

Eine meiner Kontakte stellt regelmäßig Bilder von unterwegs ein. Dabei schreibt sie oft nur ein Wort: „Now" (jetzt). So schafft sie eine gefühlte Nähe – eine tolle Kombination zu den Fotos.

Die Kunst des Ein-Wort-Posts – in Kombination mit einem Bild.
Quelle: http://plus.google.com/

Wichtig sind Expertentipps. Die positive Einstellung zum Geben und Nehmen auf Google+ ist sehr auffällig.

Mit Expertenkreisen sind Sie immer gut informiert. Quelle: http://plus.google.com/

Mit den Sonderzeichen werden einzelne Textstellen betont – das sorgt für extra Eyecatcher.

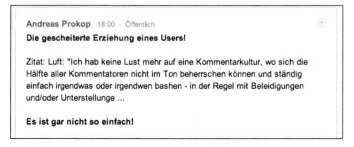

Kommentar zu einem Link mit fetter Schrift und Zitat. Quelle: http://plus.google.com/

So kann man Werbung machen – ohne zu spammen. Stattdessen bekommt man Appetit:

> **Lars Schürer** Gestern um 09:59 (bearbeitet) - Google Check-ins - Öffentlich
> Mittagstisch für Donnerstag 23.08.
>
> 1.) Geschmorter Bauch & Filet vom Schwein mit Rosmarinkartoffeln und glasierten Honigkarotten
>
> 2.) Verschiedene Edelfische in Hummersoße mit Linguini und medieterranem Gemüse
>
> 3.) Linsen & Spätzle mit Saitenwürstle (gerne auch ohne Saiten)
>
> +Schürers Restaurant Tafelhaus in Backnang
>
> http://www.restaurant-tafelhaus.de/de/kueche-und-getraenke/kueche/speisekarten/mittagstisch.html

Mehr Text braucht es hier nicht. Quelle: http://plus.google.com/

Unangenehme Posts, Trolle und Spammer gibt es auch. Nachstehend ein Beispiel für „Schmuddelkram". Das geschieht in einem so netten Ton, dass man zunächst wertvollen Content vermutet. Aber der Inhalt ist dubios, Ton und Freundlichkeit sind wunderbar. So wird der Verfasser schon seine spezielle Online-Reputation haben.

So etwas ist sicher in bestimmten Kreisen häufiger anzutreffen. Quelle: http://plus.google.com/

Gegen Trolle und Spammer vorgehen! Quelle: http://plus.google.com/

Weitere Tipps zum Posten auf Google+:
- Beim Einstellen von Bildern, Videos und Links persönliche Worte hinzufügen – die Textlänge ist sekundär.
- Auf den jeweiligen Circle zugeschnittene Posts – sehr private Themen nur an Freunde, allgemeines Branchenwissen für die Öffentlichkeit, Insidertipps an Experten ...
- Diskussionen initiieren – mit einem Call-to-Action oder einer gezielten Frage – aber ohne offensichtliche Werbung. („Jetzt unterzeichnen!", „Wie ist eure Meinung?", „Meldet euch bei Interesse!")
- Verlinken Sie auf Ihre Blogs! Google liebt Blogs und indiziert sie sehr hoch – deswegen Keywords einstreuen, aber ohne zu spammen.

Einladungen – wunderbar einfach

Einladungen beziehungsweise Events stellen Sie über *Was gibt's Neues?* ein (Reitersymbol). Eine Maske führt Sie ruck, zuck durch das Prozedere.

Dazu können Sie Events für alle Circles anlegen, beispielsweise:
- private Feste für „Freunde"
- interne Meetings für „Abteilung"
- einen Google+-Hangout (Videochat) für ausgewählte Personen
- Firmenfeste für „Öffentlich"
- Seminare für „Teilnehmer"
- Neueröffnung für „Kunden"

Sie haben reichlich Platz Ihren Text einzustellen und machen so gezielt auf sich beziehungsweise Ihr Unternehmen aufmerksam. Sie legen fest, ob Ihre Gäste Kommentare und Bilder einstellen, ob sie Gäste mitbringen dürfen etc. So kommt zugleich ein nettes Album des Events zustande. Sehr gute Erklärungen dazu erhalten Sie hier von Thomas Hendele: http://bit.ly/QzaygX.

Mit Eventeinladungen erreichen Sie viele potenzielle Gäste – oder einzelne Personen. Quelle: http://plus.google.com/

Extras – Lauter kleine Zeichen

Wie in den anderen Netzwerken gibt es auf Google+ kleine Zeichen, die bestimmte Funktionen haben.

Hashtag – macht das Schlagwort

Nicht nur auf Twitter, auch auf Google+ kann man bestimmte Wörter mit einem Hashtag (#) kategorisieren. Nach dem Veröffentlichen erscheint der Hashtag-Begriff in Blau. Klicken Sie auf dieses Schlagwort, landen Sie auf einer Liste mit passenden Posts aus Ihren Kreisen.

Beispiel: Einige User greifen den "Follow Friday" von Twitter auf und pflegen ihn hier. Geben Sie mal in die Suche #FollowFriday ein – so finden Sie interessante Kontakte!

Hashtags, fetter Schriftschnitt und neugierig machender Content – ein Top-Post.
Quelle: http://plus.google.com/

Das + – Auszeichnung und mehr

Das Pluszeichen (+) spielt, wen wundert's, auf Google+ eine Starrolle. Zunächst zeichnet ein +1 einen guten Post aus.

Zum anderen entspricht das Pluszeichen dem @-Zeichen auf Facebook. Setzt man ein + vor einen Namen, erhält derjenige eine Benachrichtigung, dass er in einem Post erwähnt wurde. Und alle anderen Empfänger können auf den Namen klicken. Dann landen Sie auf dessen Profil beziehungsweise auf der Seite des genannten Unternehmens.

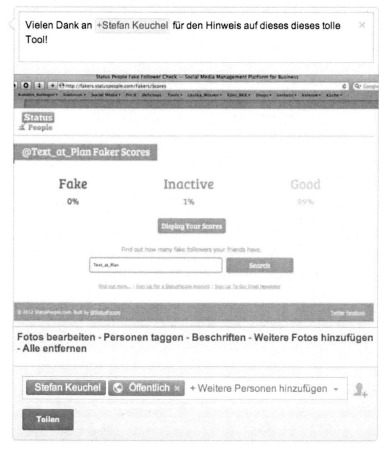

Ein mit + getaggter Name – und ein Dankeschön für einen 1a Tipp.
Quelle: http://plus.google.com/

Kommentare – kleine Diskussionen initiieren

Sie können Ihre Kommentare ebenfalls mit den drei kleinen Zeichen formatieren, Personen mit einem + taggen, Hashtags und Links setzen.

Manchmal entwickelt sich aus einem Kommentar eine Diskussion – je nach Inhalt und Aktivität der jeweiligen Kreismitglieder. Dazu reicht eine Frage, ein Call-to-Action oder eine kühne These. Oft entstehen sie von allein – bei aktuellen, streitbaren Themen.

Diskussionskultur auf Google+. Quelle: http://plus.google.com/

Call-to-Action soll zum Handeln animieren, beispielsweise etwas zu verändern, zu unternehmen – oder zu kaufen. In Mails und auf Webseiten erscheint er oft als Button mit der Aufforderung „Hier bestellen!" oder „Jetzt kaufen!" Für Social Media formulieren Sie ihn besser als Ermunterung oder Anregung, nicht im Befehlston (Imperativ). Auch eine Frage kann ein Call-to-Action sein, wenn sie zu einer Handlung animiert: „Wie machen/finden/sehen Sie das?" Implizit wird der Leser veranlasst über etwas nachzudenken und seinen Standpunkt darzulegen.

TIPP

Ihre Seite

Als Einzelunternehmerin pflege ich in erster Linie das persönliche Profil. Denn ich habe die Erfahrung gemacht, dass ich hier viel mehr Kontakte knüpfe. Aber über die Seite komme ich sehr gut an internationale Firmen-Kontakte, die ich über das private Profil nicht so leicht erreiche. Ähnlich wie bei Facebook gibt es Seiten für Unternehmen, Organisationen, lokale Geschäfte, Marken und Künstler. Was das Folgen, Teilen und Plussen betrifft, ist man mit der Seite eingeschränkter als mit dem Profil. Einstellungen und Posts auf Seiten sind öffentlich – hier bitte nichts Privates posten.

Basiseinträge der Seite

Die *Info* entspricht dem *Über mich*. Als Motto passen Ihr Firmenslogan oder ein anderer kerniger Spruch. In der *Intro* präsentieren Sie Ihr Unternehmen etwas umfangreicher: etwas zur Geschichte und Größe, zu Produkten und Mitarbeitern. USP und Leitidee sind hier gut untergebracht. Dann ergänzen Sie Ihre sonstige Web-Präsenz – darunter das verpflichtende Impressum als Direktlink (unterhalb Ihres Profilfotos).

Für die Intro der Seite rücken Sie Ihr Unternehmen in den Fokus.
Quelle: http://plus.google.com

Vergessen Sie das Impressum nicht!
http://plus.google.com

Google+ ist ein nahezu werbefreies Social-Media-Netzwerk, das rundum guten Content bietet. Das liegt an den engagierten Mitgliedern, die interessante Themen, wertvolle Tipps und gute Unterhaltung bieten. Die Posts sind meistens länger und regen oft zu Diskussionen an. Nicht umsonst sind hier viele Meinungsmacher und Journalisten anzutreffen. Wer mitmischen will – ob auf Profil oder Seite – sollte sich aktiv einbringen und in eine echte Kommunikation mit seinen (verschiedenen) Kreisen treten.

KOMPAKT

Einfach (aber) global – LinkedIn

Im internationalen Business hat das 2003 gegründete LinkedIn die Nase vorn (seit 2009 auf Deutsch). Nur ein Bruchteil der weltweit 175 Millionen Mitglieder wählt die kostenpflichtige Mitgliedschaft – in Deutschland nur circa ein Prozent (Quelle: http://bit.ly/Nq8I7X). Es lohnt sich, wenigstens ein kleines Profil anzulegen, denn Google wertet LinkedIn sehr hoch. Es rangiert auf Platz 3 noch vor Facebook und Twitter (Rang 4) – und sogar vor Google+ (Rang 7, Quelle: http://on.mash.to/O65STw). Kein Wunder, denn auf LinkedIn treffen sich Experten und Unternehmer aus der ganzen Welt.

Texten auf LinkedIn – locker-seriös

LinkedIn ist ein Businessportal, in dem es aber nicht immer sehr formell zugeht. So fällt das „Du" meiner Erfahrung nach schneller als bei XING, aber nicht so flott wie bei Facebook oder Google+. Werbung und Marketing haben einen höheren Stellenwert als bei XING oder Google+. Doch aggressive Vertriebssprache, Spammen oder Phrasendrescherei sind eher selten.

Hier texten Sie:
- in Ihrem Profil – mit vielen Extras, eine ausgezeichnete Möglichkeit, sich und sein Unternehmen breit aufzustellen
- in Ihrem Profil auf Englisch und einer anderen Sprache
- in *Updates* (Statusmeldungen), *Mitteilungen* (geteilte Updates) und *Kommentaren*
- in Gruppen – ideal um neue Kontakte zu knüpfen
- für Events – werden von Google indiziert
- in Stellenanzeigen – LinkedIn ist top für Recruiter, Headhunter und Bewerber
- im Unternehmensprofil – in der kostenlosen Variante recht umgangreich

Der Clou: Sie können Ihr Profil zusätzlich in vierzehn anderen Sprachen erstellen. Und in den internationalen Gruppen finden Sie fast alle Sprachen der Welt. So knüpfen und pflegen Sie leicht interessante Kontakte aus dem Ausland.

Wie hätten Sie's denn gern? – Das Profil

Bei der Profilgestaltung haben Sie große Freiheit. Lediglich die Angaben in der Profil-Visitenkarte sind vorgegeben. Die Profilabschnitte zu Berufserfahrung, Gruppen und so weiter ergänzen Sie nach Belieben. Diese Daten können bequem in ein PDF exportiert werden, wobei die Darstellungen gewöhnungsbedürftig sind.

Vielleicht beginnen Sie mit den Abschnitten, die wenig Text erfordern, zum Beispiel mit Ausbildung, Kenntnisse und Fähigkeiten oder einem Grundgerüst der Berufserfahrung (nur Daten, kein Text). Inspirationsquellen bieten die internationalen Profile – ein Blick über den Tellerrand tut immer gut. Gucken Sie sich erst mal um, bevor Sie ans Werk gehen.

Unverrückbar: Ihre Profil-Visitenkarte
Unter *Profil bearbeiten* nehmen Sie Einträge und Änderungen vor, unter *Profil anzeigen* überprüfen Sie diese (oben schwarze Leiste).

Beginnen Sie mit den *Allgemeinen Informationen*. Legen Sie zunächst fest, wie Sie in der öffentlichen Suche gefunden werden möchten. Dann widmen Sie sich Ihrem *Profil-Slogan* – etwa Ihrem Motto, einer Beschreibung Ihrer Aufgaben, einer herausragenden Kompetenz oder einer Position. Zugleich können Sie die Einträge auf Englisch und einer weiteren Sprache (*Ein anderes Profil erstellen*) vornehmen.

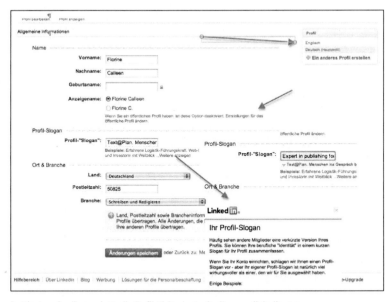

In Minutenschnelle angelegt: die Profil-Visitenkarte. Quelle: www.linkedin.com

Für jeden das Passende dabei – auf dem Marktplatz des Social Web

> **TIPP** LinkedIn unterstützt Sie beim Anlegen Ihres Profils, Ihrer Berufserfahrung und der anderen Angaben. Dafür klicken Sie auf die blaue Schrift (zum Beispiel ... *Weitere anzeigen*) und es öffnet sich ein Extrafenster. Perfekt, falls Sie gerade keine Eingebung haben.

Die Einträge für *Jetzt – Früher – Ausbildung* erfolgen automatisch über den Abschnitt *Berufserfahrung*. Kehren Sie auf Ihre Profilansicht zurück, sehen Sie den blauen Button *Verbessern Sie Ihr Profil*. Damit geleitet Sie LinkedIn Schritt für Schritt durch Prozedere, sodass Sie keinen wichtigen Eintrag übersehen. Zum Schluss geht es an *Kontaktinfo bearbeiten* unten rechts auf der Profil-Visitenkarte. Bis auf Ihre Angaben zur Webpräsenz sind diese Angaben nur für Ihre direkten Kontakte sichtbar.

Der wichtigste Profilabschnitt: die Zusammenfassung

Die Profilabschnitte unterhalb der Profil-Visitenkarte sind individuell wählbar. Treffen Sie Ihre Auswahl über *Abschnitte hinzufügen*. Die wichtigsten Abschnitte stelle ich Ihnen kurz vor.

Unter *Abschnitte hinzufügen* wählen Sie aus, was Ihr Profil enthalten soll. Quelle: www.linkedin.com

In der *Zusammenfassung* präsentieren Sie sich im besten Licht. Zeigen Sie, was Sie als Person draufhaben: beruflich und persönlich. Dieser Text steht unter der Visitenkarte und soll Ihre Besucher für Sie interessieren – oder noch besser: begeistern! Damit unterscheiden Sie sich von vielen anderen auf LinkedIn, die diese Position kaum nutzen oder sogar weglassen. Mit einem guten Text fallen Sie richtig auf!

Zur Orientierung dienen Ihnen die folgenden Fragen:
- Wofür begeistere und interessiere ich mich?
- Was hat das mit meinem Beruf oder meinem Produkt zu tun? Habe ich Spezialgebiete?
- Was befähigt mich zu dieser Tätigkeit/diesem Beruf?
- Welches Ziel verfolge ich? Habe ich eine Vision?
- Was macht mich und meine Arbeit besonders?

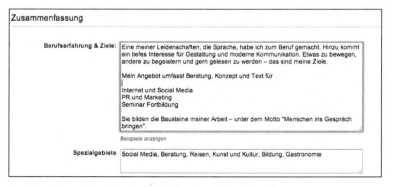

Besondere Schwerpunkte gehören in die *Spezialgebiete* – ideal für Keywords.
Quelle: www.linkedin.com

Fassen Sie sich kurz! Der Text ist ein Eyecatcher; ausführliche Informationen erfolgen später. Optische Highlights setzen Sie mit Sonderzeichen wie beispielsweise *, + oder #.

TIPP

Best Practice für die Zusammenfassung (vollständig nur nach Anmeldung sichtbar):
- Achim Koerfer (kurz, zweisprachig), http://linkd.in/PgyHP5
- Christel Irmen (als Brief), http://linkd.in/P7Radt
- Michael Rajiv Shah (tolle Struktur, mit Sonderzeichen), http://linkd.in/RPLgCx

Profilabschnitt Nummer 2: Ihre Berufserfahrung
Wenn Sie Ihr Unternehmen angeben, verknüpfen Sie es mit Ihrem Unternehmensprofil – beziehungsweise Sie legen es gleich an. Mit einigen Angaben komplettieren Sie hier zugleich Ihre Profil-Visitenkarte, denn die Elemente sind miteinander verknüpft. Die Angaben in der Position erscheinen in der Visitenkarte unter *Aktuell* – von dort kommt der Besucher Ihres Profils zu Ihrem Unternehmensprofil (blaue Schrift). Wenn Sie weitere SEO-Pluspunkte kassieren möchten, bringen Sie Ihre zwei, drei wichtigsten Keywords unter. Das ist wieder ein „leckeres" Häppchen für Google.

Berufserfahrung und Profil-Visitenkarte hängen zusammen. Quelle: www.linkedin.com

In der Beschreibung haben Sie nun reichlich Platz für Ihre Tätigkeit, Ihre Aufgaben und Kompetenzen. Ob als Fließtext oder Liste: Jetzt geht es ans Berufliche. Denken Sie an ...

- Ihre Produkte und Aufgaben im Einzelnen – konkret und eventuell mit Beispielen
- Ihre Kompetenzen bezogen auf Aufgaben und Produkte
- den Vorteil und/oder Nutzen, den die Kunden davon haben
- Ihr Alleinstellungsmerkmal (USP)
- Ihre Keywords (ohne zu spammen, nicht mehr als einmal pro Begriff)

Da in der Social-Media-Welt die meisten User Texte zuerst nur scannen, halten Sie sich kurz. Ziehen Sie Fließtext vor, machen Sie Absätze und/oder nutzen Sonderzeichen. Mit einem kleinen Slogan leiten Sie jeden Abschnitt ein. So wird Ihr Text übersichtlich.

```
Inhaberin – Texterin und Social Media Manager
Text@Plan
März 2010 – Aktuell (2 Jahre 6 Monate)  |  Kleine Spitzengasse 2–4, 50676 Köln

Text@Plan. Menschen ins Gespräch bringen

Im Fokus unserer Zeit: Facebook, GooglePlus, Xing, Twitter, Wikipedia & Co. Gern stelle ich Sie in den sozialen Netzwerken
vor, die zu Ihnen/Ihrem Business passen.

Keywordoptimiert schreiben: Denn Sie wollen von den Suchmaschinen gefunden werden.

Produkte präsentieren und Firmen bekannt machen: Gern übernehme ich Ihre Pressearbeit – on- und offline. Dazu
synchronisiere ich Ihre Webseite und Ihre Printwerbung wie Postkarten und Imagebroschüren.

Kunden gewinnen und Mitarbeiter schulen: Mit einem Seminar bzw. Workshop stellen Sie persönliche Kontakte her und/oder
stärken sie. Dabei unterstütze ich Sie und liefere passende Handouts und PowerPoint-Präsentationen.

Florine Calleen hat 1 Empfehlung (1 Kunde) darunter auch:
```

Fließtext übersichtlich gestalten. Quelle: www.linkedin.com

Ähnlich gehen Sie für Ihre früheren Berufserfahrungen vor. Dort wird Ihr Besucher allerdings nicht auf das entsprechende Firmenprofil gelenkt. Stattdessen stellt Ihnen LinkedIn Kontakte vor, die das gleiche Unternehmen angegeben haben wie Sie. Das ist ideal, um nach möglichen Ansprechpartnern in bestimmten Firmen zu suchen.

TIPP Bei der Platzierung der einzelnen Positionen haben Sie freie Hand. Mehr Infos von LinkedIn: http://bit.ly/O15gev

Weitere Profilabschnitte – nach Ihrem Gusto
Auf jeden Fall hinzufügen sollten Sie:

1. Kenntnisse und Fähigkeiten
Die sind besonders für Recruiter, Headhunter und potenzielle Auftraggeber interessant. Ihre Wunschbegriffe zu Kompetenzen und Know-how werden als Tags (Etiketten) dargestellt. Wählen Sie einen der Begriffe aus, die Ihnen vorgeschlagen werden. Dadurch verbinden Sie sich mit dem Tool *Skills*, einer speziellen Schlagwortsuche.

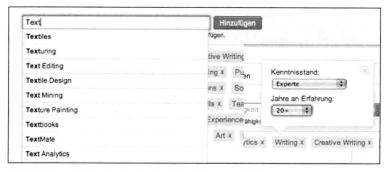

Zusätzlich können Sie für die einzelnen Tags Kenntnisstand und Erfahrung ergänzen.
Quelle: www.linkedin.com

Skills ist noch im Beta-Stadium und nur auf Englisch zu bedienen. Allerdings überrascht das Tool mit tollen Extras rund um den gewählten Begriff: Definition, Statistik, Orte, Mitarbeiter, verknüpfte Unternehmen (ein Beispiel zu LinkedIn: http://linkd.in/NEN7bs). Deshalb sind englische Tags sehr sinnvoll, aber Sie haben freie Hand. Denken Sie an Ihre Keywords!

2. Kontakteinstellungen

Hier verweisen Sie auch auf Ihre Webseite (Kontaktformular) oder E-Mail-Adresse. Das erleichtert Interessierten die direkte Kontaktaufnahme mit Ihnen. Zusätzlich legen Sie fest, was Sie an Nachrichten und Anfragen bekommen möchten.

3. Empfehlungen

Leicht zu bedienen sind die Referenzen – sie steigern die Online-Reputation und das Ranking in den Suchmaschinen. Jede Empfehlung bezieht sich auf eine Station in der Berufserfahrung. Möchte ein LinkedIn-Mitglied eine Referenz von Ihnen, kann es Sie per *InMail* (interner Maildienst) darum bitten. Oder Sie überraschen Ihren Kontakt und klicken in seinem Profil unterhalb der betreffenden Berufserfahrung auf *Empfehlen*.

Wenn Sie eine Empfehlung schreiben, haben Sie ebenfalls etwas davon. Wer sich für die Referenzen Ihres Kontakts interessiert und dort auf Ihren Namen klickt, wird auf Ihr Profil geleitet.

Empfehlungen aus LinkedIn sind einfach zu schreiben. Quelle: www.linkedin.com

Um eine Empfehlung zu schreiben, gehen Sie so vor wie in der Offline-Welt. Allerdings sollte der Text nicht länger als eine DIN-A4-Seite sein. Sie ähnelt ein bisschen einem Zeugnis, ist jedoch lockerer und frei von Standardfloskeln sowie Benotungen. Empfehlungen sind besonders interessant für Premiumkunden und Inserenten einer Stellenanzeige. Mehr Informationen direkt von LinkedIn: http://bit.ly/NYcmSI

4. Anwendungen/Applikationen
Hier haben Sie eine große Auswahl. Wenn Sie einen Blog haben oder Präsentationen auf SlideShare einstellen, stellen Sie dazu Verknüpfungen her.

5. Weitere Bausteine der Profilseite
Setzen Sie diese je nach beruflicher Ausrichtung ein: Ausbildung, Zertifikate/Diplome, Organisationen (Mitgliedschaften), Patente, Veröffentlichungen (Bücher, Artikel) und einige mehr.

Positiv global – mehrsprachige Profile

Ihr Profil auf Englisch oder in einer von dreizehn anderen Sprachen – das ist einer der Vorzüge von LinkedIn.

Und so legen Sie es an: Klicken Sie auf *Bearbeiten* neben Ihrem Namen auf der Profil-Visitenkarte. Weiter geht's über die *Allgemeinen Informationen*. Der Rest ist sehr einfach, wenn Sie schon Ihr Profil auf Deutsch erstellt haben. Alle Sprachversionen bleiben so, wie Sie sie abspeichern. Sie können in jeder Sprache Updates verschicken, Events einstellen und Gruppenbeiträge schreiben. Natürlich geht es ebenfalls umgekehrt, falls Deutsch Ihre zweite Sprache auf dem Portal ist. Auf der Profil-Visitenkarte schalten Sie links unten auf Ihr fremdsprachiges Profil um.

Stellen Sie sich der Welt vor! Quelle: http://www.linkedin.com

Kontakte knüpfen

LinkedIn beruht auf bestehenden Kontakten. Kennt man bereits jemanden auf dem internationalen Portal, ist es einfach, sich zu verknüpfen. Ansonsten unterliegt es bestimmten Einschränkungen. Mehr dazu erfahren Sie hier: http://bit.ly/O2cvXb.

Fast alle Kontaktanfragen, die ich erhalte, benutzen den von LinkedIn vorgegeben Text. Das ist möglich, wenn man sich bereits kennt oder so viele Kontakte wie möglich sammeln möchte. Ein funktionierender Beziehungsaufbau mit fremden Mitgliedern wird so aber erschwert. Deshalb schreiben Sie ein paar persönliche Worte! Denn damit kommen Sie mit potenziellen Kunden und Partnern direkt ins Gespräch.

Die zwei folgenden Beispiele – jeweils eine Anfrage von mir und von einem Kontakt – zeigen verschiedene Möglichkeiten: zum einen aufgrund einer gemeinsamen Gruppenmitgliedschaft, zum anderen nach einem Treffen in der „Offline-Welt". Beides führte zu sehr guten Kontakten.

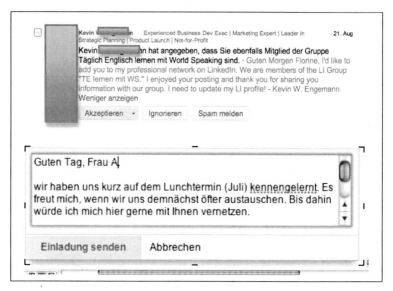

Ein paar nette Worte erleichtern die Kontaktaufnahme. Quelle: www.linkedin.com

Die Verwaltung findet unter *Kontakte* (oben) statt. Entsprechend der Anfragen werden Ihren Kontakten Kategorien zugeordnet (Freunde, Partner ...), die sich ändern und ergänzen lassen.

Posten – Update und Mitteilung

Ein Update ist ein normales Posting, eine Mitteilung das Teilen eines Kommentars.

Ohne Schnickschnack – Update

Das Update verfassen Sie auf Ihrer Startseite. Das ist keine Hexerei: Text schreiben, Link anhängen, (*Anhängen*) drücken nicht vergessen!), bei Bedarf mit Twitter verknüpfen, Zielpublikum (für die Öffentlichkeit oder die Kontakte) bestimmen und los geht's! Alles andere, was man posten will – Umfragen oder Events – geschieht an anderer Stelle.

Bilder oder Videos lassen sich leider nicht anhängen. Aber es gibt eine Link-Bildvorschau.

Dieses Update ist öffentlich. Quelle: www.linkedin.com

„Doch was soll ich posten?", fragen Sie sich jetzt. Alles, was interessant, unterhaltsam und von Mehrwert ist – und Werbung:
- Links mit branchenrelevanten Informationen, zum Beispiel Studien, Artikel
- Tipps aus Ihrem Expertenwissen
- Neues aus Ihrem Unternehmen
- Einladungen zu Webinaren
- Hinweise auf Events – Ihre eigenen, aber auch andere
- Zitate, die zu Ihrem Unternehmen/Ihrem Thema passen
- Hinweise auf Publikationen, Rezensionen
- spezielle Angebote
- eine Frage stellen und mit einem Link verknüpfen – ein Werbeposting der anderen Art
- ein Gewinnspiel außerhalb von LinkedIn ankündigen
- eine kleine Stellenausschreibung beziehungsweise einen Link auf ein Stellenangebot

TIPP Wenn Sie einen Link posten, fügen Sie ein paar Worte hinzu. So fallen Sie zwischen den vielen „nackten" Links positiv auf!

Werbung ist auf LinkedIn kein Problem – aber so ist es eher Spamming. Quelle: www.linkedin.com

Im Gegensatz zu XING dürfen Sie auf LinkedIn Werbung betreiben. Je nachdem, wie Sie Ihre Kontakte ausgewählt haben, werden Sie ziemlich viele Updates mit Werbung bekommen. Seien Sie selbst vorsichtig damit – wenn Sie nicht als Spammer gelten wollen.

Variabel – die Mitteilung
Möchten Sie ein Update, das Sie erhalten haben, unter Ihren Kontakten teilen? Dann versenden Sie eine Mitteilung. Ist diese Mitteilung nur für einen erlauchten Kreis oder die Mitglieder einer bestimmten Gruppe relevant? Kein Problem! Zusätzlich ergänzen Sie die Mitteilung mit Infos und Nachrichten. Für Ihre Mitteilungen an Einzelpersonen gibt es einen veränderbaren Mustertext („Ich habe dies auf LinkedIn gesehen und dachte, Sie könnten sich dafür interessieren." Gruß Vorname).

Zielgenaue Mitteilungen verschicken beziehungsweise teilen. Quelle: www.linkedin.com

Gruppen – Kommunikation weltweit und kinderleicht

Gruppen sind ein absolutes Highlight auf LinkedIn. Am aktivsten – und damit zugleich effektivsten – sind die, die mehr Beiträge als Mitglieder verzeichnen. Durch die Teilnahme an Diskussionen machen Sie sich mit potenziellen Kontakten in aller Welt bekannt.

Unter *Gruppen – Gruppenverzeichnis oder Gruppen, die Sie vielleicht interessieren*, können Sie beliebig stöbern. Eine bequeme Suchfunktion hilft Ihnen bei der Auswahl. Die meisten Gruppen sind öffentlich, für andere müssen Sie eine Bestätigung abwarten. Gucken Sie sich das Treiben in einer Gruppe an. Gefällt es Ihnen nicht, treten Sie aus.

TIPP Rekrutieren Sie hochwertige Kontakte über die Gruppen! So wissen Sie im Vorfeld, wer für Sie wirklich interessant ist.

Ein weiterer Pluspunkt: Sie folgen einzelnen Mitgliedern, ohne mit ihnen vernetzt zu sein. Auch wenn Sie Beiträge oder Foren abonnieren, werden Sie über neue Beiträge informiert. So reagieren Sie blitzschnell auf wichtige Diskussionen.

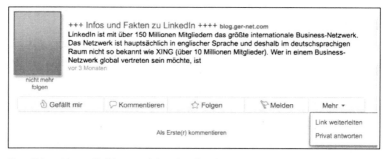

Einem Beitrag können Sie folgen – und dem Absender privat antworten. Quelle: www.linkedin.com

Je nach Thema der Gruppe schreiben Sie Mitteilungen, starten Umfragen oder kommentieren Beiträge anderer Mitglieder. Das geht schnell und unkompliziert.

Auch in den Gruppen gibt es Werbung. Für viele LinkedIn-Mitglieder ist das Spammen. Die Lösung: Verbinden Sie einen Mehrwert damit. Ihrem werbefreien, aber ansprechenden Text hängen Sie einen Link auf Ihren Blog/Webseite an – dort gibt es einen Expertentipp. So werben

Sie, ohne zu spammen. Vielleicht machen Sie andere Mitglieder so neugierig, dass sie im Forum eine Frage stellen – dann bringen Sie in der Antwort dezent (!) Werbung unter.

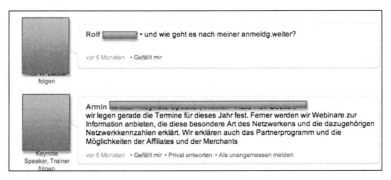

Werbung und Information geschickt verknüpft – in einer Antwort auf einen Kommentar.
Quelle: www.linkedin.com

Tipps zum Schreiben eines Gruppenbeitrags:
- Diskussion eröffnen: eine attraktive oder informative Headline setzen
- keine plumpe Werbung – im Sinne des Kundennutzens posten
- einen knackigen Text schreiben, eventuell als Frage oder mit einem Call-to-Action
- (selbst eingestellte) Diskussionen beleben, indem Sie auf die Kommentare anderer Mitglieder antworten
- eine Umfrage, die zum Thema passt – mit der vorgegebenen Matrix oder einfach als Frage „in den Raum" gestellt
- guter Content: Expertentipps, Brancheninfos, Hinweise auf Events, Einladungen, passende Zitate, Links mit Mehrwert
- Keywords nicht vergessen (aber nicht spammen!)

Kaum hatte ich meine erste Umfrage gestartet, gab es eine Antwort. Quelle: www.linkedin.com

Nur für Premiummitglieder – Stellenanzeigen aufgeben

Auch wenn Sie kein Headhunter, Recruiter oder Bewerber sind, ist der Stellenmarkt vielleicht interessant für Sie. Zumindest können Sie Anzeigen einsehen – selbst als Basismitglied.

Wenn Sie aber eine Stellenanzeige aufgeben wollen, müssen Sie entweder Premiummitglied werden oder dafür zahlen. Mehr Tipps dazu und wie Sie eine erfolgreiche Anzeige schreiben erfahren Sie unter http://linkd.in/04jJX8.

Events – sind Googles Liebling

Google liebt LinkedIn-Events ganz besonders. Unter meinen drei Google-Treffern von Mitte August führt ein Eintrag direkt zu meinem Posting-Club. Halten Sie einen Vortrag, geben Sie ein Webinar oder organisieren Sie eine öffentliche Party – dann aktivieren Sie die Event-Funktion.

Ein Event zu erstellen, ist ebenfalls im Handumdrehen erledigt. Dafür gehen Sie auf *Mehr – Events – Create an Event*. Obwohl die Version nur in Englisch zu bedienen ist, geht das unkompliziert. Ein Bild macht das Event attraktiver! Dann erscheint das Event auf Ihrem Profil, und Sie können es Ihrem Desktop-Kalender hinzufügen.

Google indiziert LinkedIn-Events. Quellen: www.google.de, www.linkedin.com

Tipps zum Schreiben eines Events:
- einen freundlichen Text mit „Sie"/„ihr"
- kurze Sätze, präzise Beschreibung
- Nutzen oder Mehrwert vermitteln
- Keywords einsetzen
- Angebot, Leistung, Umfang erklären
- eventuell anbieten, im Vorfeld Fragen entgegenzunehmen (zur optimalen Vorbereitung)
- Preis erwähnen – was ist inklusive (Getränke, Infomaterial ...)
- auf weitere ähnliche Veranstaltungen hinweisen (Reihe)
- eventuell auf Ihre Webseite/Blog verlinken (Anmeldeformular)
- „Ich freue mich auf Sie!" oder „Bis bald mit besten Grüßen" nicht vergessen!

PostingClub: Texten in Socia Media, III: Welches Portal passt zu mir?
events.linkedin.com
Manchmal fragt man sich, was man in seinen Portalen schreiben soll. In dieser Reihe verrate ich Ihnen Tipps und Tricks. Die Events finden jeden 4. Donnerstag im Monat statt (nicht im Juli und Dezember). Sie behandeln jedes Mal ein anderes Thema. Am... Bearbeiten

☑ Unter Updates veröffentlichen

Diesmal geht es um allgemeine Informationen zum Thema Texten in Social Media – Posts, Kommentare, Einladungen, Gruppenbeiträge ... Was interessiert Sie? Anmeldung bis 29. 8. Veranstaltungsort ist Köln. Ich freue mich auf Sie und Ihre Fragen!

☑ sichtbar für: Alle

☑ In Gruppe(n) veröffentlichen

Gruppe(n): Freelancer DACH x
Betreff: PostingClub – Texten in Social Media
Detail: (Option)

🔒 Bezeichnet Gruppen nur für Mitglieder, deren Beiträge nur Mitgliedern sichtbar sind. Beiträge in offenen Gruppen sind für alle sichtbar.

☐ An Einzelne senden

[Mitteilen] [Abbrechen]

Informieren Sie Gruppen, wenn das Event passt – mit ein paar netten Zeilen.
Quelle: www.linkedin.com

Unternehmensprofil erstellen

Das kostenlose Unternehmensprofil auf LinkedIn ist ein Knüller. Hier bringen Sie Ihre Firma zum Glänzen. Und wieder freut sich Google mit!

Folgen Sie Unternehmen, die Sie interessieren! So bekommen Sie Firmenneuigkeiten aus erster Hand aktuell serviert. **TIPP**

Das erlaubt Ihr Unternehmensprofil:

Allgemeines	Updates posten, Kontaktinfos, Unternehmensbeschreibung, zusätzliche Sprache
Karrieren	Stellenanzeigen aufgeben (kostenpflichtig)
Produkte und Serviceleistungen (TEXT) (unter *Administrator-Werkzeuge* ergänzen)	ein Produkt vorstellen/mit Bild und Webseite Mitarbeiternamen Werbeaktion für das Produkt Produktbeschreibung (mit Editorfenster!!!) (um Empfehlungen bitten) Vorteile und Anwendung Impressum → (wichtig!!!) URLs zu YouTube und einer Werbeaktion
Follower-Statistik	Informationen zu den Mitgliedern, die Ihrem Unternehmensprofil folgen
Seitenstatistik	Infos zu Seitenbesuchern
Mitarbeiterstatistik	Kontaktdiagramm

Eine komfortable Maske führt Sie durch die Einträge. Machen Sie nicht zu viele Worte bei der Beschreibung des Produkts. Konzentrieren Sie sich auf eine knappe Erläuterung des Kundennutzens, eine kurze Darlegung des Inhalts, der Leistung oder des Vorteils sowie ein, zwei kleine zusätzliche Aspekte. Denken Sie dran: Social-Media-User scannen mehr als das, was sie wirklich lesen, vor allem bei Werbung – und hier handelt es sich um Werbung!

TIPP Denken Sie an das Impressum, am bequemsten als direkten Link zu Ihrer Webseite (www.unternehmen.de/impressum).

KOMPAKT LinkedIn ist DAS Portal für Sie, wenn Sie internationale Kontakte suchen – nicht nur wegen der Option zur Mehrsprachigkeit. Ein zweiter Grund ist seine Businessausrichtung. Die macht es möglich, (dezent) für Ihr Unternehmen zu werben. In den Gruppen ergeben sich die besten Kontakte. Die einfache Oberfläche (wenig Bilder, weißer Hintergrund) täuscht: LinkedIn hat viel Tiefe, die auszukundschaften sich lohnt. Neben den Gruppen sind außerdem die Unternehmensprofile und die von Google „geliebte" Event-Funktion besonders hervorzuheben.

Litfaß lässt grüßen – Pinterest

Eine gigantische Litfaßsäule – das ist Pinterest. Die neue Plattform aus den USA erlebte einen rasanten Aufstieg. 2011 belief sich ihr Zuwachs auf schier unglaubliche 2.535 Prozent (Quelle: http://bit.ly/OWi5dc). Kein Wunder, denn hier sprechen viele bunte Bildchen für sich – und Ihr Unternehmen. Eine ausgezeichnete Einführung zu Pinterest finden Sie im Blog von datenonkel Andreas Werner unter http://bit.ly/NPqgKl.

Stellen Sie sich vor – Settings

Bei der Anmeldung bringen Sie unter *Edit Profile – About* eine Kurz-Bio unter. Denken Sie an die Suchmaschinen! Deshalb bauen Sie hier Ihre Keywords ein – denn der Text wird von Google angezeigt. Zugleich erscheint er im Kopf Ihrer Seite (Page). So kann ihn jeder lesen, der Sie besucht. Darunter gibt es eine Weiterleitung zu Ihrer Webseite (Erdkugel), zu Twitter (Vogel) und zu Facebook (f-Icon). Die Einstellungen dazu nehmen Sie ebenfalls bei der Einrichtung Ihres Profils vor. Platzieren Sie hier Ihren Links aufs Impressum, vor allem für die mobilen Geräte (wenn Sie Pinterest geschäftlich nutzen)!

Bringen Sie Ihre Keywords im Profiltext unter (*About*). Quellen: www.google.de, http://pinterest.com

Bookmarking und Marketing

Auch wenn der erste Eindruck so bunt ist: Pinterest ist mehr als Bildchen oder Filmchen posten. Durch die einzigartige Kombination von Bild- und Textmaterial stoßen Sie in tiefere Dimensionen des Social Web vor. Besonders schön ist, dass man mit Pinterest superschnell internationale Kontakte knüpfen kann – den Blick über den Tellerrand gibt es hier auf fast jedem Board.

Teilen und mitwirken (lassen) – Bookmarking

Zunächst funktioniert Pinterest wie ein Bookmarking-Dienst (Internet-Lesezeichen). Jedes Mitglied richtet ein oder mehrere Boards (Pinnwände) ein. Dort liegen verlinkte Dateien, die sich andere User angucken können.

Möchten Sie der großen, freundlichen Pinterest-Familie beitreten und auch ein Board anlegen? Das ist kinderleicht. Kategorisieren Sie es mit einem treffenden Begriff, etwa „Farben", „Autos", „Schriftsteller" oder „Lachen". Unter diesem Begriff wird Ihr Board von anderen Pinnern gefunden. Darauf stellen Sie Ihre Internet-Schätze oder eigenes Material aus: Bilder, Videos und Links. Im Sinne des Geben und Nehmens können Sie andere dazu einladen, an einzelnen Boards mitzuwirken. Mit einem kleinen Text ergänzen beziehungsweise beschreiben Sie das Board genauer – natürlich wieder mit Ihren relevanten Keywords.

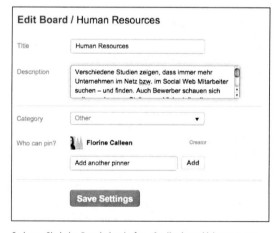

So legen Sie jedes Board einzeln fest. Quelle: http://pinterest.com

Ein Gemeinschaftsboard. Quelle: http://pinterest.com

Auch in Pinterest gilt: Ist der werbliche Charakter zu groß, bleiben Follower fern. Deshalb guten Content oder Mehrwert bieten.

TIPP

Neue Kunden anziehen – starkes Marketing

Pinterest hat sich als überzeugendes Marketingtool etabliert. Firmen und Einzelunternehmer – wie Hotels, Verlage und Designer – präsentieren sich mit schönen, verführerischen Bildern. Sie stellen Kulinarisches appetitanregend vor, gewähren spannende Blicke hinter die Kulissen und platzieren Gewinnspiele oder Sonderaktionen. Für Recruiting (Personalwesen) und Employer Branding (Arbeitgebermarke) ergeben sich neue Perspektiven. Vereine und karitative Einrichtungen informieren ihre Mitglieder oder suchen neue Förderer.

Seite für das soziale Projekt „YouCan Trust" (Quelle: http://pinterest.com)

TIPP Beachten Sie das Urheberrecht! Vor allem, was Marken betrifft. Manche Firmen freuen sich über die kostenlose Werbung, andere schalten ihre Rechtsabteilungen ein. Wichtige Informationen dazu gibt Kapitel 8.

Kleine Texte – Klasse statt Masse

Was hat Pinterest mit Texten zu tun? Mit Text werden Ihre Boards und Pins bei der Pinterest-Suche gefunden. Deshalb bringen Sie hier relevante Schlagwörter unter – nicht nur Ihre SEO-Keywords. Verpassen Sie Board und Pin einen Titel, der neugierig macht – denn Sie wollen ebenfalls Menschen ansprechen. Für die Beschriftung des Bildes stehen Ihnen bis zu 500 Zeichen zur Verfügung. Ein Link auf Ihre Webseite beziehungsweise Ihren Blog (eventuell mit Linkverkürzer arbeiten, siehe Kapitel 6) sollte mit von der Partie sein. Toller Nebeneffekt: Dieser Text zu Ihrem Pin wird vom Repinner „mitgenommen" und findet sich auf dessen Board wieder – inklusive Keywords und Link.

TIPP Möchten Sie Kontakte, Follower und Kunden in der ganzen Welt gewinnen? Dann setzen Sie ebenfalls englische Wörter ein.

Die Möglichkeit, den Bildern Text zuzuordnen, wird nicht von jedem genutzt. Kommentieren ist zeitaufwendig. Es lohnt sich aber, wenn Sie mit bestimmten Pins auffallen und verstärkt Marketing betreiben möchten. Größere Firmen engagieren einen Social-Media-Manager, der diese Arbeit fachgerecht erledigt.

Bildbeschreibungen werden ebenfalls repinnt! Quelle: http://pinterest.com

Ideen für Bildbeschriftungen und Kommentare

Kennen Sie den Spruch „Ein Bild sagt mehr als tausend Worte"? Klar, den unterschreiben wir alle – aber wenn Sie passende Worte dazu finden, erreichen Sie noch mehr potenzielle Kontakte. Denn mit einem stimmigen Text unterstreichen Sie die (emotionale) Aussage eines Bildes – „Kopfkino" läuft ab.

Ergänzen Sie Ihre Pins mit gutem Content. Das wären beispielsweise ...
- die Namen des Pinners, von dessen Board Sie repinnen – das @-Zeichen und ein Dankeschön nicht vergessen!
- fachliche Kommentare zu Pins anderer User – immer freundlich: Netiquette!
- Einladungen auf Ihre Webseite/Ihren Blog – Downloads, Tutorials, Informationen
- bei Repins: Einladungen aufs eigene Board
- unterhaltende Texte wie kurze Gedichte, Zitate, kleines Storytelling – passend zum Bild
- Beschreibung der abgebildeten Produkte – mit Preisangabe
- Rezepte, kurze Anleitungen – natürlich verständlich!

- Erscheinungsdaten von Büchern, CDs ... – mit knackiger Inhaltsangabe in wenigen Sätzen
- Eröffnungstermine von Cafés, Hotels ... – Adresse, Spezialitäten, Angebote
- Hinweise auf Gewinnspiele, Rabattaktionen, Sonderverkäufe – was, wann, wo, warum
- Links auf Ihre Webseite/Ihren Blog
- für internationale Kontakte: – Beiträge (auch) auf Englisch
- die Namen des Pinners, von dessen Board Sie repinnen – das @-Zeichen und ein Dankeschön nicht vergessen!

Beispiel: Suche nach Beiträgen zum Thema „Human Resources"
Auf der Übersichtsseite von „Human Resources" entdeckte ich den Pin von Anna Stevens. Darauf lädt sie dazu ein, ihr Board mit Übungen zu Human Resources zu besuchen. Im Sinne des Geben und Nehmens stellt sie dort ihre Fundstücke der Allgemeinheit zur Verfügung. Mit wenigen Worten hat sie geschafft, dass ich ihr jetzt auf Pinterest folge.

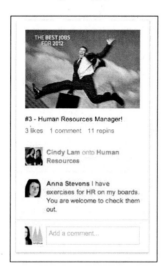

Kommentar: Einladung von Anna Stevens.
Quelle: http://pinterest.com

Zum Schluss noch drei Best-Practice-Beispiele aus unterschiedlichen Bereichen. Schon die Namen der Boards machen neugierig und laden zum Anschauen ein.
- WWF Deutschland, Board „Tierwelt": http://bit.ly/0Wv7Y4
- Eat Smarter, Board „Lachen ist gesund": http://bit.ly/N04QK5
- HRS Hotelportal, Board „Die freundlichsten Länder der Welt": http://bit.ly/NZIoAM

Eine ganz neue Möglichkeit ist das Taggen mit Hashtags (#, mehr Informationen im folgenden Kapitel *Sag's mit 140 nur – Twitter*). So kann man Begriffe auf Pinterest leichter suchen und finden.

TIPP

Pinterest funktioniert als effektiver Bookmarking-Dienst und als vielseitiges Marketinginstrument. Damit gewinnen Sie Follower auf der ganzen Welt. Kleine Texte bis 500 Zeichen bereichern Ihre Pins mit relevanten Informationen oder unterhaltenden Kommentaren. Dabei lassen sich Keywords und Links einbauen. Um international mitzumischen, lohnt es sich, die Beiträge (zusätzlich) in Englisch zu veröffentlichen. Beim Pinnen und Repinnen ist das Urheberrecht zu beachten.

KOMPAKT

Sag's mit 140 nur – Twitter

Ob die Nachricht vom versunkenen Schiff auf dem Hudson River oder die Befindlichkeiten der Top-Twitterer Lady Gaga und Justin Bieber: Es gibt nichts, was sich nicht in 140 Zeichen pressen lässt – und alles in Echtzeit.

Der kostenlose Microbloggerdienst Twitter wurde 2006 gegründet. Um einen sogenannten *Tweet* (Gezwitscher) abzusetzen, haben Sie 140 Zeichen zur Verfügung. Der Grund: Die Kurznachrichten basieren auf dem SMS-Prinzip. Vor allem mit dem Smartphone lassen sich Nachrichten unkompliziert in alle Welt zwitschern. Hauptsächlich wird von unterwegs getwittert. Über Twitpic und andere Dienste lassen sich ebenfalls Bilder und Videos hochladen (http://twitpic.com/). Wer will, kann verschiedene Konten einrichten, berufliche und private. So hat die Deutsche Bahn drei Profile: DB_Bahn, DB_Info und DB_Karriere. Über 517 Millionen Accounts (Konten) waren Ende Juli 2012 bei Twitter angemeldet. (Quelle: http://bit.ly/Sr1aCr)

Sind Sie neu auf Twitter? Dann bekommen Sie hier kompetente Hilfe aus erster Hand: http://bit.ly/RGqvZW.

TIPP Suchen Sie nach Seiten von Institutionen oder Prominenten, stoßen Sie möglicherweise auf einen Fake-Account. Schauen Sie sich die infrage kommenden Profile genau an. Noch besser: Sie gehen auf die offiziellen Webseiten und dann über das Plug-in zum richtigen Konto.

Wozu ist Twitter gut?

Es gibt verschiedene Möglichkeiten, Twitter strategisch zu nutzen: zunächst als ausgezeichnetes Marketinginstrument. Damit bringen Sie sich und Ihr Unternehmen (Ihre Partei, Ihren Verein) ins Gespräch. Sie posten Termine, Angebote, Neuheiten, Veröffentlichungen, Stellenangebote und Auszeichnungen. So werden aus Neugierigen Follower und aus denen Kunden. Erstellen Sie einen zweiten Twitter-Account für englischsprachige Tweets, machen Sie Ihr Unternehmen international bekannt.

Journalisten, die durch das Netz surfen, finden Ihren Tweet interessant und klicken drauf – und melden sich vielleicht bei Ihnen. Experten twittern Neuigkeiten – das fördert die Online-Reputation (Geben und Nehmen). Ämter, Behörden oder Institutionen informieren Sie über öffentliche Bekanntmachungen, Fahrplanänderungen, Baumaßnahmen oder neue Gesetze. Twitter ist auch ein modernes Nachschlagewerk: Über die Suchfunktion bekommen Sie zu Ihrem Thema eine Fülle von Tweets. Blogger können für ihre Aktivitäten werben und sich austauschen. Wenn Sie möchten, erzählen Sie kleine Geschichten oder twittern Zitate, die unterhalten – das bringt einen persönlichen Touch und macht andere aufmerksam – aber achten Sie dabei auf Qualität!

Die wichtigste Voraussetzung: Twittern Sie regelmäßig, wenigstens ein- bis zweimal in der Woche für eine halbe Stunde. Planen Sie, Twitter als aktives Teil Ihrer Marketingstrategie auszubauen, zwitschern Sie mehrmals täglich.

TIPP

Die Halbwertzeit eines Tweets ist relativ kurz. Im Sekundentakt werden Nachrichten von anderen überdeckt. Möchten Sie möglichst viele Follower erreichen, setzen Sie einen Tweet mehrmals ab, etwa an verschiedenen Tagen und zu unterschiedlichen Uhrzeiten. Bitte nicht mehrmals hintereinander – das ist Spammen.

Texten auf Twitter – nicht viel Worte verlieren

Fast so kurz wie die Tweets ist der Text, den Sie – neben den erforderlichen Daten – bei der Anmeldung eingeben. Das ist die erste Bewährungsprobe: Die Bio hat nur 160 Zeichen. Versuchen Sie, Ihre zentrale Botschaft, Slogan, Keywords und Impressumslink unterzubringen. Dieser Text erscheint in Ihrem Header auf dem Profil und ist für alle Besucher sichtbar. Schauen Sie sich Bios von anderer Twitterern an, vorzugsweise die Ihrer Wettbewerber. Das ist die beste Inspirationsquelle.

Zusätzlich habe ich meine Web-Visitenkarte auf about.me hinzugefügt.
Quelle: http://twitter.com

Dieser Text wird von Google indiziert. Noch ein Grund, hier sorgfältig vorzugehen – wenn man denn gefunden werden will.

Der zweite Google-Treffer ist einer meiner Tweets. Quelle: http://twitter.com

Kontaktanfrage nicht erforderlich

Bei Twitter haben Sie nur Follower. Das bedeutet, dass Ihnen jeder andere Twitter-User folgen kann. Umgekehrt können Sie ihm ebenso folgen, müssen das aber nicht. Um gute Twitterer von Spammern oder weniger wichtigen Kontakten zu trennen, haben Sie zwei Möglichkeiten:

1. nicht zurückfolgen
2. Follower in verschiedenen Listen sammeln (Profilseite links, auf *Listen* klicken). So sehen sich nur Tweets zu den Themen an, die Sie aktuell interessieren. Diese Listen machen Sie öffentlich oder Sie halten sie geheim. Öffentlichen Listen kann man folgen. Wie's geht, steht hier: http://bit.ly/RGqchD.

(K)eine Frage des Standorts

Twittern ist überall möglich – unterwegs, daheim oder im Büro. Um sich noch weiter im Netz bekannt zu machen, verknüpfen Sie Ihr Twitter-Konto mit Ihren anderen Netzwerken. Ihre Posts auf einem anderen Portal werden auf Twitter weitergeleitet – genauer gesagt nur bis zu 140 Zeichen und mit einem verkürzten Link (Infos zu verkürzten Links in Kapitel 6). Es geht auch umgekehrt: Wer will, kann seine Tweets beispielsweise auf Facebook umleiten. Was Sie dafür wissen müssen, entnehmen Sie den Hilfebereichen der Portale.

Wenn Ihr Post auf Facebook & Co. länger ist als 140 Zeichen, machen Sie einen Absatz. Dann haben Sie die Sicherheit, dass die wichtigsten Informationen ungekürzt auf Twitter landen. **TIPP**

Tweet von Facebook weitergeleitet – mit verkürztem Link (fb.me).
Quelle: http://twitter.com

> **Christine Pfeil** @ChristinePfeil — 19 Aug
> Did You Known 2012 – Social Media Revolution 2012 DEUTSCH
> goo.gl/fb/WjeDY
> Öffnen

Tweet von Google+ weitergeleitet – mit verkürztem Link (goo.gl).
Quelle: http://twitter.com

> **Florine Calleen** @Text_at_Plan — 15 Aug
> Warum ist Lesen eigentlich so wichtig? - xing.com/r/yoEwy Lesen öffnet Welten ... (;o)
> Öffnen

Tweet von XING weitergeleitet – mit verkürztem XING-Link (xing.com).
Quelle: http://twitter.com

Auch offline unterwegs – Twittwochs Twitterwall

Mit dem Twittwoch hat sich in ein paar deutschen Städten ein aktives Netzwerk etabliert. Auf regelmäßigen Treffen zu verschiedenen Themen rund um Social Media tauschen sich Twitterer aus (Informationen: http://bit.ly/RgmDMJ). Während der Vorträge und Diskussionen twittern die Teilnehmer des Events Ergänzungen oder humorige Randbemerkungen. Diese werden auf eine Leinwand projiziert. Ein Hashtag (#) führt die Tweets automatisch zu einem Nachrichtenstrom zusammen – auf der Twitterwall.

Und damit sind wir mittendrin im Thema.

Texten auf Twitter – ohne Kürzel geht nix

Im Grunde genommen ist Twitter keine Zauberei. Es gibt keine Headlines, Abschnitte oder ähnliche formale Kriterien. „Sie" oder „Du" ist keine Frage – hier heißt es meistens „ihr". Doch bei aller Einfachheit zeigt sich hier wahre Texterkunst. Denn wenn man eine Botschaft in

140 Zeichen verpacken will, muss man den Text extrem eindampfen. Vor allem, wenn man eine Botschaft damit verbinden will.

Hashtag (Etikettieren) – mit #

Mit einem Hashtag (Doppelkreuz, Raute) taggen beziehungsweise verschlagworten Sie einen Begriff. Die beliebtesten Schlagworte werden unter *Startseite – Trends* zu einer Liste zusammengestellt. So bekommen Sie eine Art Trendbarometer. Außerdem benutzen Sie es, wenn Sie auf bestimmte Themen aufmerksam machen wollen, um eine Aussage zu unterstreichen oder um zusätzliche Informationen zu liefern.

Das Hashtag sagt: Die Leseprobe ist aus einem E-Book, Themen sind Angst und Familie.
Quelle: http://twitter.com

Durch Klicken auf das Hashtag *Leseprobe* kommen Sie auf eine Seite mit den letzten aktuellen Tweets, in denen „Leseprobe" vorkommt – ohne Hashtag davor. Doch die Twitter-Suche funktioniert genauso ohne Hashtag. Machen Sie die Probe aufs Exempel und geben Sie in die Suche Leseprobe erst mit, dann ohne Hashtag ein – es werden die gleichen Ergebnisse erzielt.

TIPP

Ist Ihnen etwas extrem wichtig, setzen Sie das Hashtag davor. Beispielsweise, wenn Sie einen Begriff kreieren, den es noch nicht gibt. Oder das Schlagwort soll nur von bestimmten Leuten genutzt werden – wie für eine Twitterwall.

Retweeten (Weiterleiten) – mit RT

Hinter diesem Kürzel verbirgt sich ein großartiges PR- und Marketinginstrument, das für höchste Viralität sorgt. Mit einem Retweet leiten Sie eine Nachricht weiter, die Sie erhalten haben.

Damit Sie die untere Leiste sehen können, fahren Sie mit der Maus über den Tweet. Quelle: http://twitter.com

Wer Ihren Beitrag retweetet, macht Sie mit potenziellen neuen Followern bekannt. Zudem steigert es Ihre Online-Reputation, denn es zeigt, dass Ihre Tweets Qualität haben. Bei einem wichtigen oder persönlichen Kontakt ist es nett, sich für das Retweeten zu bedanken. Das machen Sie, in dem Sie auf den einfachen Pfeil klicken (Antworten).

Reply (Antworten) – mit @

Mit dem @-Zeichen (englisch „at") vor einen Namen adressieren Sie diese Nachricht an eine bestimmte Person oder Sie beziehen sich auf einen Tweet der Person.

Diesen Tweet habe ich an feinstil adressiert. Quelle: http://twitter.com

Vorsicht: Dieser Tweet ist ebenfalls öffentlich. Für einen Tweet, den nur eine Person sehen soll, schicken Sie eine *Direktnachricht* (unter dem Zahnradsymbol oben).

Wenn Sie mehrere Namen mit @-Zeichen in einen Tweet packen, machen Sie alle Genannten miteinander bekannt. Oder Sie weisen mehrere Personen auf einen besonderen Link hin. Kleine Diskussionen können so zwischen mehreren Personen hin und her gehen – viel Platz für die Botschaft ist dann aber nicht mehr.

Geben Sie in der Suche @IhrenBenutzernamen ein, sehen Sie alle Tweets in denen Sie erwähnt wurden. So entgeht Ihnen nichts, was über Sie gezwitschert wird. Und mit @andererBenutzername können Sie checken, welcher Ihrer Follower von wem erwähnt wurde.

FollowFriday (Empfehlen) – mit ff
Das (von Twitterern erdachte) Kürzel ff steht für FollowFriday. Damit empfehlen Twitterer ihre Follower an andere weiter – traditionellerweise an einem Freitag. Das ist die beste Art, an Follower zu kommen, denn es entspricht einer kleinen Empfehlung.

So wird man wirklich neugierig auf die Empfehlung. Quelle: http://twitter.com

Ein kleines Kompendium mit allen möglichen Kürzeln und anderen Tipps finden Sie in der Karrierebibel: http://bit.ly/NIKCoL.

TIPP

Tweets – alles ist möglich

In der Kürze liegt bei Twitter nicht nur die Würze, sondern auch die hohe Texterkunst. Doch was wollen Sie posten, fragen Sie sich vielleicht. Hier ein paar Anregungen:

Verkehrshinweis – gut zum Retweeten. Quelle: http://twitter.com

Hinweis und Link auf ein Gewinnspiel mit Kooperationspartner.
Quelle: http://twitter.com

Rezept mit Link auf einen Blog. Quelle: http://twitter.com

Stellenangebot eines Recruiters. Quelle: http://twitter.com

Politische Informationen: Link auf die Webseite des Bundestags.
Quelle: http://twitter.com

Die TinyTales sind ein Top-Beispiel für Storytelling im Miniformat (Datum beachten!). Quelle: http://twitter.com

Ein-Wort-Tweet mit Wortspiel (extra Rechtschreibfehler) und Link. Quelle: http://twitter.com

Wie schreibe ich einen Tweet?

Zunächst einige Hilfestellungen:

- Erst checken, dann klicken: Sie können einen Tweet löschen, aber nicht korrigieren. Denken Sie dran: Ein Post hat sieben Leben – auch ein Tweet.
- Nicht zu viel in einen Tweet packen. Geht es um ein Event, schreiben Sie mehrere Beiträge. Mit einem Hashtag stellen Sie eine Klammer zwischen den einzelnen Tweets her: TOP 1 zu Event #auftwitterschreiben: Wozu ist das gut? – TOP 2 zu Event #auftwitterschreiben: Kontaktanfragen, TOP 3 …
- Weniger als 140 Zeichen sind noch „würziger".
- Private Befindlichkeiten auf einem Firmenprofil wirken meistens deplatziert.
- Werbung mit Mehrwert verbinden (kein Spam).

***Beispiel:** Anleitung für einen Tweet*
Werden Sie sich klar, über was Sie schreiben wollen (Thema finden). Dann überlegen Sie, welche konkreten Informationen in den Tweet sollen. Anschließend schreiben Sie einen Rohentwurf mit Keyword und dem Clou des Tweets, zum Beispiel „Heute wieder neu". Vielleicht sprechen Sie andere an: „Wie findet Ihr das?" Dann geht's ans Kürzen: Worthülsen streichen, Abkürzungen vornehmen, Zeichen setzen; eventuell Text etwas umformulieren. Bei zu viel Inhalt verweisen Sie auf zweiten Tweet. Vielleicht schaffen Sie weniger als 140 Zeichen?

> **Florine Calleen** @Text_at_Plan   26 Aug
> Tweeten: Entwurf * Keywort + Clou, z.B. "heute neu" * kürzen: Blabla weg, wenig Abk. * redigieren. Alles klar? Mehr: nächster Tweet. 137!
> Öffnen

So geht's! Tweet übers Tweeten. Quelle: http://twitter.com

Wenn Sie auf den Geschmack gekommen sind, nutzen Sie Clients wie HootSuite oder TweetDeck. Damit lassen sich unter anderem mehrere Tweets vorbereiten. Doch zeigen Sie stets persönlichen Stil. Wenn Tweets nach automatisch erstelltem Content aussehen, bleibt die Glaubwürdigkeit auf der Strecke. Informationen von Twitter: http://bit.ly/SsOlYk.

Best Practice (mit Auszug aus Bio):
- Jule, „Bloggerin in Sachen Barrierefreiheit & Inklusion", http://bit.ly/P6LoMd
- kress report, „Top-Meldungen aus der Print-, TV-, Digital- und Werbewelt" – http://bit.ly/PBHUA4
- Herr haekelschwein, „Gut wie Butter." (Satire), http://bit.ly/SDA2jN

Twitter ist überall! Das Netzwerk eignet sich als Nachrichtenbörse, Nachschlagewerk sowie Marketing- und PR-Tool. Beziehungsaufbau, Mehrwert, guter Content und regelmäßige Pflege sind ebenso wichtig wie auf den anderen Portalen. Achten Sie auf Spammer und folgen Sie nicht jedem, der Ihnen folgt. So kommen Sie an Follower mit Qualität. Mit ein bisschen Übung geht das Tweeten bald flott von der Hand – 140 Zeichen bieten mehr Platz, als Sie vielleicht vermuten!

KOMPAKT

Businesskontakte unter DACH und Fach – XING

Geschäftsbeziehungen bekommen ein Gesicht
XING ist das führende Businessportal im deutschsprachigen Raum. Zwölf Millionen Mitglieder in sechzehn Sprachen vernetzen sich hier. Fünf Millionen kommen aus den D-A-CH-Staaten (Deutschland, Österreich, Schweiz). 2011 gab es mehr als 280 Millionen Besucher allein aus diesen drei Ländern. (Quelle: http://bit.ly/MybcvI)

Dezent werben – regelmäßig pflegen
Direkte Werbung ist untersagt, aber jeder darf sein Business dezent vorstellen. Ohne Flüsterpostverluste erreichen Sie Informationen aus erster Hand. Und interessante Texte sind das beste Futter dafür.

Wichtig vorab: Mit ein paar Minuten halten Sie Ihre XING-Präsenz lebendig – mindestens einmal monatlich. Das betrifft aktuelle Kontaktdaten, Unternehmensinformationen, „Ich suche" und „Ich biete" sowie Ihre Statusmeldung unter dem Foto (siehe unten).

TIPP In Ihrer Privatsphäre stellen Sie ein, dass Ihre Kontakte vorübergehend keine Neuigkeiten von Ihnen erhalten. So können Sie ungestört an Ihrem Profil arbeiten. Und die anderen sind nicht genervt, weil sie von Ihnen im Minutentakt Meldungen über neue Einträge bekommen.

Neu auf XING? Dann gucken Sie erst mal!
Mein Tipp für Neulinge: Schauen Sie unter Ihren ersten Kontakten, wie andere Profile aussehen und was gepostet wird. Im zweiten Schritt vervollständigen Sie Ihr Profil. Dann geht's ans Eingemachte: potenzielle Kontakte anschreiben, in Gruppen gehen, posten. So entwickeln Sie ein Gefühl für Umgangston, Inhalte und Gestaltungsmöglichkeiten.

TIPP Holen Sie sich Anregungen bei Ihren Kontakten ersten und zweiten Grades – ohne zu kopieren!

Der Umgangston – professionell und freundlich
Auf XING schreibt zwar nicht munter drauf los, aber auch nicht steif und formell. Ein paar private Facetten, ein freundlicher Ton – das macht „die Musik".

Der erste Eindruck – die Profilseite

Beginnen Sie oben mit Ihrer Profil-Visitenkarte (mit Foto, Kontaktdaten etc.). Schon hier machen Sie deutlich, was Sie bieten, können und leisten. Und vielleicht auch, was der Nutzen für andere ist.

Die Profil-Visitenkarte – einen gekonnten Einstieg hinlegen
Mit drei kleinen Tricks polieren Sie diesen Bereich ordentlich auf.

Trick Nummer 1:

Ihren Slogan tragen Sie unter *Einstellungen* (Zahnrad-Icon links) – *Angaben zu meiner Person* – *Akademischer Abschluss* ein. Damit servieren Sie eine tolle Überraschung. Es sei denn, Ihr Abschluss ist Ihnen oder für Ihren Ruf wichtiger. Beispiel: Ärzte, Hochschullehrer, Trainer, Wissenschaftler ...

Meine Einstellungen				
Zugangsdaten	**Angaben zu meiner Person**	Privatsphäre	Benachrichtigungen	
Vorname Nachname Geburtsname	Florine Calleen --			Bearbeiten
Akademischer Grad	--			Bearbeiten
Akademischer Abschluss	Menschen ins Gespräch bringen.			Bearbeiten

Diese Angabe erscheint direkt unter Ihrem Namen. Quelle: www.xing.com

Trick Nummer 2:

Die Eintragungen für die nächsten Zeilen finden unter *Berufserfahrungen* statt. Der Clou besteht erneut in der individuellen Umgestaltung. Tragen Sie Position und Unternehmen so ein, dass Sie eine kleine Überraschung präsentieren. Seien Sie kreativ – oder keywordaktiv. Suchen Sie einen Job? Dann formulieren Sie so etwas „Hier könnte der Namen Ihres Unternehmens stehen!"

Planen Sie ein Unternehmensprofil anzulegen? Dann lesen Sie hierzu die Seiten 155/156 – hier sind einige Besonderheiten zu beachten!

Denken Sie an Ihre Kontaktdaten! Quellen: www.xing.com

Trick Nummer 3:

Denken Sie an Ihre SEO! Sie funktioniert für Google und für die XING-eigene Suche. Google zeigt momentan (August 2012) den Text aus der aktuellen *Position* (in der *Berufserfahrung*) und sämtliche Branchen an, in denen Sie gearbeitet haben. Das kann sich aber ändern. Legen Sie deshalb Ihre Keywords auf die sprichwörtliche Goldwaage.

Florine Calleen - Texter und Berater für PR, Seminar, Internet ... - **Xing**
www.**xing**.com/profile/**Florine_Calleen**
Köln - Texter und Berater für PR, Seminar, Internet, Social-Media-Manager
Florine Calleen, Köln, Journalismus, Verlagswesen, Bildungswesen, Psychologie/Psychotherapie, Rundfunk & Fernsehen, Printmedien.
Sie haben diese Seite oft aufgerufen. Letzter Besuch: 03.08.12

Googlen Sie sich regelmäßig, um Ihre Einträge zu prüfen! Quelle: www.google.com

Interesse wecken – mit der Statusmeldung

Die Statusmeldung ist ein Appetithäppchen. Mit 420 Zeichen kommt sie aktuell, informativ und schön knackig daher. Ein Rückblick auf ein wichtiges Ereignis ist möglich, wenn es nicht länger als einen Monat zurückliegt.

> Der 7. Run for Children® ist gelaufen. Ca. 3000 Läuferinnen und Läufer liefen für einen guten Zweck. Das Resultat lässt sich sehen! Hier gibt es Eindrücke: http://www.runforchildren-mainz.de/ . "Mir war es eine besondere Ehre die Veranstaltung mit meiner Kunst zu unterstützen." DER GROSSE BAGATELLO

Setzen Sie Links! Quelle: www.xing.com

Wenn Sie nicht wissen, was Sie schreiben sollen: Ein Zitat ist ein toller Lückenfüller (bitte ab und zu austauschen). Wenn Sie es kommentieren, legen Sie noch eins drauf. Lassen Sie die Statusmeldung weg, denken manche vielleicht, Sie hätten nichts zu sagen.

> Marlon Brando hat einmal gesagt: "Auf meinem eigenen Weg kann mich niemand überholen!" - Soviel zum Thema Konkurrenz:-)

Ein Zitat verrät auch etwas über Sie. Quelle: www.xing.com

Ihr Auftritt, bitte! Stellen Sie sich vor

Die Businesswelt ist ein Dorf und als XINGler gehören Sie zu den bekannten Gesichtern. Deshalb zeigen Sie sich von Ihrer besten Seite.

Berufserfahrung

Dafür widmen Sie der Berufserfahrung besondere Aufmerksamkeit, vor allem im ersten Teil: *Beschreiben Sie Ihre Position* verlangt Fingerspitzengefühl. Hier ist Platz für Slogan(s), wichtige Aufgaben und Projekte, Kompetenzen und Qualifikationen. Kombinieren Sie Keywords mit präzisen, knappen Sätzen und zwei, drei positiven Formulierungen wie „erfolgreich", „überzeugend", „ansprechend". Aber Finger weg von Szenesprache, Anglizismen, Branchen-Blabla und ähnlichem überflüssigem Wortmüll (siehe Kapitel 5). Ehrenamtliches Engagement zeigt weitere Facetten Ihrer fachlichen und sozialen Kompetenzen.

Tipps zur Gestaltung finden Sie unten bei „Ich suche" (Seite 141). Quelle: www.xing.com

Qualifikationen

Hier gehören die wichtigsten (!) Abschlüsse hin, etwa Gesellen- oder Meisterbrief, Diplom oder Doktortitel. Gleiches gilt für relevante Fortbildungen und Qualifikationen im Rahmen eines Ehrenamtes oder Hobbys.

Eine Formulierung wie die „Schule des Lebens" finden nicht alle lustig. Denn absolvieren wir sie nicht letztlich alle?

TIPP

Interessen

Erwiesenermaßen ist für das Zustandekommen geschäftlicher Beziehungen zu 70 Prozent die persönliche Chemie verantwortlich. Hobbys und Interessen können eine Menge über potenzielle Geschäftspartner erzählen.

Interessen	Familie und Freunde, IT, Nachrichten und Politik, Schreiben, Fußball (1.FC Köln), interessante Gespräche führen, im Sommer Grillen - im Winter Chillen, Obst im eigenen Garten - Tomaten auf dem eigenen Balkon, leckeres Essen und meinem Sohn beim Grosswerden helfen!
Interessen	Vielen Menschen die Chance geben ihr Leben eigenverantworlich positiv zu verändern, Menschen vernetzen, zuhören, Menschen und Ihre Geschichten, a complaint free w@rld.org, Frieden, verstehen, erkunden, malen, bildhauen, Kreativität, Meinungen, Sichtweisen, anders sein.....

Wer etwas über sich verrät, spricht mehr Menschen an. Quelle: www.xing.com

Machen Sie sich interessant: Ich biete – Ich suche

In diesem Teil stellen Sie sich auf den Präsentierteller! Fragen Sie sich wieder: Welchen Nutzen haben andere von meinen Produkten? Was will ich selbst? Wie kann ich andere überzeugen oder gewinnen? In beiden Kategorien werden Ihre Einträge mit der Suchfunktion verknüpft – dabei spielt das Komma eine wichtige Rolle. Warum, erfahren Sie gleich.

Ich biete

Es gibt zwei Möglichkeiten: Die klassische Variante mit einem „normalen" Text. (Dazu erfahren Sie mehr unter *Ich suche* auf Seite 141.) Oder Sie nutzen die neuen Profileinträge, die zurzeit (August 2012) im Teststadium, der sogenannten Betaphase, sind.

Der Vorteil: Klicken Ihre Besucher auf das + in der schwarzen Ecke, bestätigen sie Ihren Eintrag. So kommen Sie zu einer feinen Mini-Referenz im übersichtlichen Look.

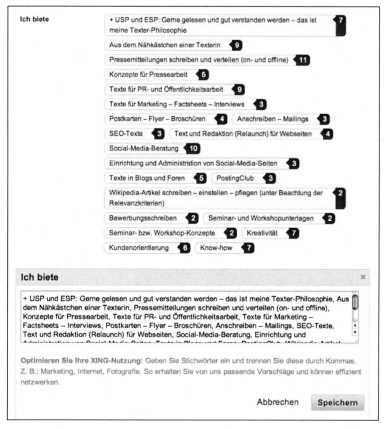

Die Begriffe sind mit der Suchfunktion verknüpft. Quelle: www.xing.com

So gehen Sie vor: Klicken Sie auf Kolbenglas links und wählen Sie *Profileinträge*. Schreiben Sie Ihre relevanten Begriffe als Aufzählung: Leitmotiv (Philosophie), Alleinstellungsmerkmal (USP), Kompetenzen, Leistungen, persönliche Stärken etc. Durch Komma abgetrennt, erscheinen Ihre Einträge als Felder. Innerhalb eines Felds ersetzen Sie das Komma durch den Gedankenstrich.

Der Nachteil: Änderungen machen die Einträge ungültig. Das ist problematisch, weil Sie mit Ihrem Unternehmen noch in der Aufbauphase sind oder gerne Abwechslung ins Spiel bringen. Vielleicht fühlen Sie sich festgelegt. Oder Sie fürchten, wenig Klicks zu bekommen und damit an Reputation zu verlieren. Bevorzugen Sie die klassische Vorgehensweise, dann bleiben Sie dabei.

> **TIPP**
> Fügen Sie einen Profileintrag neu hinzu, markieren Sie das mit einem vorgeschobenen Extra-Block in dem „Neu" oder „Jetzt neu" steht.

Ich suche

Ein munterer Mix aus fachlichen und privaten Aspekten macht neugierig auf Sie. Wen oder was suchen Sie? Projekte, Aufträge, Mitarbeiter, einen Job, Kunden, Kooperationspartner oder Inspirationen? Wofür und zu welchen Branchen oder Themen? Egal, was es ist: Zeigen Sie sich interessant und interessiert und vermeiden Sie „Kontakte" oder „Netzwerken": Das ist klar, deswegen sind Sie auf XING. Für die Umsetzung empfehle ich fünf Elemente:

- eine direkte Anrede („Sie", „Ihre/n") – jeder fühlt sich persönlich angesprochen
- Keywords (mit Komma abtrennen) – Top für die SEO
- ganze Sätze – das macht Ihren Text geschmeidiger

- keine Worthülsen (vor allem überflüssige Adjektive)
- ein Call-to-Action – Ihre Leser fühlen sich aufgefordert

Öden Wörterbrei vermeiden Sie, wenn Sie Inhalte oder Themen mit einem + oder * abtrennen. Größere Einschnitte markiert eine Linie (mit Unterstrich _) unter einem Absatz. Das ist etwas knifflig und muss immer wieder (in zwei oder drei Browsern) geprüft werden. Im Editorfenster springt sie manchmal bis in die nächste Zeile über. Mit der Zeit haben Sie aber den Bogen raus.

Übersichtliche Gestaltung erleichtert das Lesen. Quelle: www.xing.com

TIPP „Ich suche nichts, weil ich schon alles habe". Das liest man hin und wieder. Ich frage mich dann immer, warum der Mensch dann auf XING ist. Und dann ist nicht mehr interessant, was er oder sie bietet. Da fehlt das komplette Geben-und-Nehmen-Paket.

Die Königsdisziplin: Über mich

Hier geht's in erster Linie um Sie als Person. Zunächst sieht man nur einen kleinen Teil. Mit einem Klick auf den Bereich *Über mich* editieren öffnet sich der komplette Eintrag.

Kombinieren Sie Text und Bild. Quelle: www.xing.com

Im Editor stellen Sie Texte und Bilder ein. Der obere Teil (den Sie oberhalb von *Den Bereich „Über mich" editieren* finden) bekommt Eyecatcher visueller und textlicher Art – sachlich oder mit emotionalem Touch, wie es zu Ihnen passt: Ihr Motto, Ihr USP, eine Zusammenfassung Ihrer Leistungen – in wenige, treffende Worte verpackt. Sprechen Sie Ihre Leser an („Sie"/„Ihre" ...) und platzieren Sie ein Bild. Die Mischung macht's, Text und Bild ergibt die ideale Kombination.

Um Bilder hochzuladen, versehen Sie diese mit einer URL. Das geht zum Beispiel mit Extra-Webspace, über Ihre Homepage oder via Dropbox.

TIPP

Dann kommt der (gute!) Content. Schaffen Sie ein kleines Selbstporträt, das Berufliches und Persönliches miteinander verknüpft. Erzählen Sie etwas über sich, beispielsweise über ...

- Ihre Leitidee, Vision: Was bewegt Sie? Wie verbinden Sie das mit Ihrem Beruf?
- Ihre Arbeit unter persönlichen Gesichtspunkten: Was gefällt Ihnen daran? Und warum? Was möchten Sie als Person damit?
- Ihre persönliche USP: Was macht Ihre Person so interessant, kompetent und besonders?
- Ihre künstlerischen Talente: Texte, Fotos, Grafiken, Rätsel, Cartoons ... Was gibt einen Einblick in Ihr „Labor"?
- aktuelle Extras: Stellenanzeigen, Ausschreibungen, Projekte – ideal für Einzelunternehmer
- Unterhaltendes, Amüsantes rund um Ihr Business: Anekdoten, Beispiele ...
- Wenn Sie etwas zu Ihrem Produkt schreiben: Was kann es, worin besteht sein Vorteil, wofür ist es nützlich oder/und wem hilft es?
- Stellen Sie Ihre Person in den Vordergrund – es heißt ja „Über mich". Auch wenn Sie über Ihr Produkt sprechen – bringen Sie sich selbst ins Spiel.
- Farbe kommt mit HTML ins Spiel (http://bit.ly/QrZgeG). Bedenken Sie: Jeder von uns reagiert auf unterschiedliche Reize. Was manchem zu bunt erscheint, gefällt anderen sehr gut. Hauptsache: authentisch sein!

TIPP Da auch Nicht-Mitglieder diesen Bereich sehen können, ist es sinnvoll, die Kontaktdaten zu wiederholen. Nutzen Sie das Profil beruflich, sind Sie verpflichtet, ein Impressum zu veröffentlichen. Die „Über mich"-Seite ist der perfekte Platz dafür.

Hier drei unterschiedliche Best-Practice-Beispiele für „Über mich" :
- Jürgen Auer: http://bit.ly/QqzeMX
- Joachim Rumohr: http://bit.ly/Pf34Rg
- Brigitte Mauch: http://bit.ly/NYG4Es

Text@Plan.
Menschen ins Gespräch bringen

Unkompliziert, konkret und treffend texten. Gerne gelesen werden.

Texten Sinn geben, neugierig machen, Lernen erleichtern.

Diese Arbeit liebe ich.

Und gern möchte ich mit Ihnen ins Gespräch kommen.

Wer Wörter sprechen hört, sieht Bilder tanzen

Texte für PR und Marketing

Ein guter, überzeugender Text kommt für mich immer in Bildern daher. Denn ein Text soll leben. Die Zutaten dafür: Verständlichkeit, klare Worte, Humor, verständliche Metaphern und kleine, unkomplizierte Ausschmückungen. So ein Text ist frei von Schnickschnack, Branchen-Blabla und Phrasen. Und es macht Spaß, ihn zu lesen.

Wer was weiß, macht andere heiß

Texte für Seminar und Fortbildung

Erinnern Sie sich auch noch an Ihre Schuzeit? Und an die Lehrer, die Sie begeisterten? Mit echter Liebe zu ihrem Beruf brachten sie uns freiwillig zum Lernen. Und weil sie immer tolles Material hatten. Das habe ich im Hinterkopf, wenn ich Präsentationen oder Seminarmappen zusammenstelle – denn Wissen weiterzugeben ist wunderbar.

Wer sich einloggt, mischt mit

Texte für Social Media und Internet

"Einszweidrei, im Sauseschritt/Läuft die Zeit; wir laufen mit" dichtete einst Wilhelm Busch. Was würde er wohl im Jahre 2012 dichten? Jede Minute werden 168 Millionen Mails geschrieben, 320 neue Twitter-Konten eröffnet und mehr als eine halbe Million Posts auf Facebook geschrieben. Wer hat da noch Zeit, dem zu folgen? Wenn Ihnen das über den Kopf wächst: Sprechen Sie mich an – ich freue mich!

„Über mich" bietet gestalterische Freiheit. Quelle: www.xing.com

In Kontakt treten – aber richtig

Eine persönliche Kontaktanfrage, garniert mit einer Prise Charme, kommt gut an.

Peppige Texte – Top für Kontakte

Ihr Anschreiben soll Spaß machen! Als nüchterner Mensch zeigen Sie, dass Sie sich das Profil der Person angesehen haben und wirklich an ihr interessiert sind. Zwar gibt es XINGler, die jeden Kontakt zulassen. Aber individuelle Anschreiben haben mehr Erfolg.

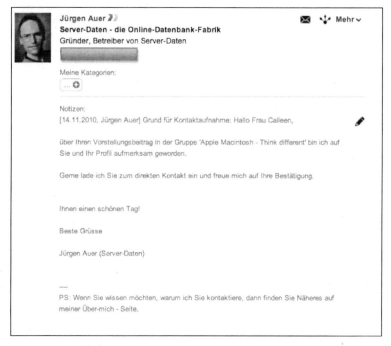

Kontaktmöglichkeiten ergeben sich oft über Gruppenbeiträge. Quelle: www.xing.com

Haben Sie die Person schon „in echt" kennengelernt, erwähnen Sie das – vielleicht weiß die Person sonst nicht, woher Sie sich kennen.

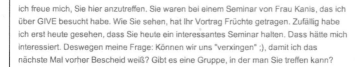

Notizen:
[14.06.2010] Grund für Kontaktaufnahme: Guten Tag, Frau Wahl,

ich freue mich, Sie hier anzutreffen. Sie waren bei einem Seminar von Frau Kanis, das ich über GIVE besucht habe. Wie Sie sehen, hat Ihr Vortrag Früchte getragen. Zufällig habe ich erst heute gesehen, dass Sie heute ein interessantes Seminar halten. Dass hätte mich interessiert. Deswegen meine Frage: Können wir uns "verxingen" ;), damit ich das nächste Mal vorher Bescheid weiß? Gibt es eine Gruppe, in der man Sie treffen kann?

Vielen Dank im Voraus für Ihre Antworten und hoffentlich bis bald,

Ihre Florine Calleen
[27.08.2012]

Aus dieser Anfrage entwickelte sich eine Top-Kooperation. Quelle: www.xing.com

Kommunikation auf XING – in Aktion treten

Mitteilungen und Kommentare sind für das Zustandekommen erfolgreicher Beziehungen und einen fruchtbaren Austausch wichtig.

Mitteilungen und Kommentare – ab geht der Post!

Für das Posting auf XING haben Sie 420 Zeichen – für eine Stellungnahme zu einem Link oder eine Bemerkung zu einem aktuellen Thema. Gehen Ihnen Gedanken durch den Kopf und suchen Sie dazu eine Idee? Posten Sie sie auf XING! Mit einer (provokanten) Frage stoßen Sie eine Diskussion an.

Des Weiteren können Sie ein Mini-Stellenangebot einstellen oder eine Umfrage starten. Im Blog von Michael Rajiv Shah bekommen Sie eine gute Einführung (http://bit.ly/POSj73).

Reaktionen auf einen Link zu meinem Texter-Nähkästchen Quelle: http://www.xing.com

Kommentare und Markierungen – die Mini-Beträge

Kommentare (Sprechblase) sind prima für Neulinge. Damit können Sie Stellung nehmen, etwas kritisieren oder sich bedanken.

TIPP

Eine nette Variante ist, den Namen in den Kommentar mit einfließen zu lassen, so, als ob Sie über sich wie über eine dritte Person sprechen. Das passt vor allem, wenn der Beitrag nicht bierernst sei soll.

Zwei Dos und Don'ts

Warum ist er/sie dann noch hier? Wieso kann man nicht kommentieren?
Quelle: www.xing.com

So geht's auch! Quelle: www.xing.com

Wer keine Kommentare zulässt, macht sich uninteressant. Quelle: www.xing.com

Dazu sind Kommentare da! Quelle: www.xing.com

Gruppen und Themen – Austausch ist Trumpf!

Meinungen, Lob und Kritik äußern, vom Fachwissen anderer profitieren und Hilfe finden: Das ermöglichen Gruppen und Themen.

Optimales Netzwerken – in Gruppen schreiben

In Gruppen veröffentlichen Sie Artikel oder Links, beweisen sich als Experte, bitten um fachlichen Rat, werfen eine provokante Frage in die Runde oder engagieren sich als Moderator. In scheinbar privaten Gruppen für Schokolade, Wandern oder Autos knüpft man sehr gut geschäftliche Kontakte.

TIPP Mehr Beiträge als Mitglieder zeugt von Leben in der Gruppe, selbst wenn es eine kleine ist!

Für Beiträge setzen sie ansprechende Überschriften, schreiben nett, keck und verpacken trockene Informationen im netten Plauderton. Sprechen Sie über Erlebtes, beziehen Sie Position („Ich habe die Erfahrung gemacht ..." – „Ich bin der Meinung" ...). Viele Mitglieder werden Ihren Beitrag dann eher lesen, kommentieren, interessant finden oder gar empfehlen! Perfekt: Fügen Sie am Schluss noch eine Frage oder ein Call-to-Action hinzu:

- „Wie sehen Sie das?"
- „Ich freue mich auf Ihre Meinung!"
- „Wer kann mir helfen?"

Bei allem gilt: Netiquette beachten! Wer's nicht tut, kann rausfliegen. Und das schadet der Online-Reputation. Interessante Artikel können Sie abonnieren, Ihre eigenen eingeschlossen. Sobald jemand diese kommentiert, werden Sie informiert! So erfahren Sie, welche Beiträge gut ankommen.

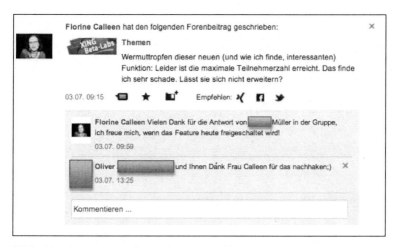

Sich in aktiven Gruppen zu engagieren, bringt Wissen und interessante Kontakte.
Quelle: http://www.xing.com

Unter *Privateinstellungen* legen Sie fest, ob Ihre Beiträge von Suchmaschinen gefunden werden sollen. Wägen Sie für sich ab, ob das für Sie nützlich ist. Auf jeden Fall spielt das für die SEO eine Rolle.

Gruppenaktivitäten werden von Google registriert! Quelle: www.google.com

Bekommen Sie keine Reaktionen auf Ihre Beiträge? Das ist von Gruppe zu Gruppe unterschiedlich. Manche sind sehr rege, andere eher „mundfaul". Dann entscheiden Sie, ob die Gruppe für Sie interessant ist.

TIPP

Was Ihnen unter den Nägeln brennt: Themen

Ebenfalls eine Beta-Funktion sind die „Themen". Hier tauschen sich XING-Mitglieder aus, ohne einer Gruppe anzugehören. Das Schreiben funktioniert ähnlich wie bei *Über mich* beziehungsweise den Gruppenbeiträgen. Zum Schluss kategorisieren Sie Ihren Text, sodass er gut gefunden wird.

Die Themen hier: XING, Über mich und HTML-Farben. Quelle: http://www.xing.com

Events – Offline-Begegnungen

Ein XING-Event – ob kostenlos oder bezahlt – ist eine ideale Kontaktbörse. Es kann ein Webinar sein, ein Flohmarkt, ein Businessdinner oder eine Fortbildungsreihe. Events veröffentlichen Sie unter *Events – Event organisieren*. Die Eckdaten sind schnell eingestellt. Überlegen Sie, was Ihre Leser fragen könnten:

- Was wird geboten?
- Worauf kann ich mich freuen?
- Was habe ich davon (Spaß, Wissen, Netzwerken, neue Kunden)?
- Was ist besonders an dem Event?
- Warum soll ich hier hingehen und nicht woanders hin?

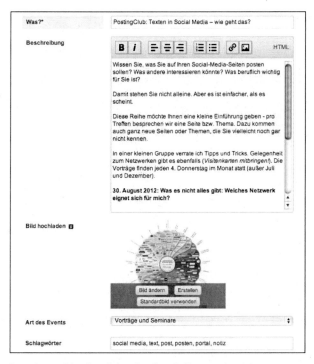

Events lassen sich unkompliziert einstellen. Quelle: www.xing.com

Es soll richtig Lust machen, zu Ihrem Event zu kommen. Und fügen Sie ein „Ich freue mich auf Sie!" hinzu. Denken Sie an den Preis, die Extras (Getränke, Snacks), Parkplätze – und falls erforderlich – Tipps zur Anfahrt.

Ihre Kompetenzen bezeugen – Referenzen und mehr

Mit einer Vorlage können Sie Ihren Kontakt schriftlich um eine Beurteilung (Referenzen und Auszeichnungen) bitten. Das ist aber sehr unpersönlich. Fragen Sie lieber über ein Gespräch oder mit einer persönlichen Nachricht/Mail an. Eine Referenz schreiben Sie wie im „echten Leben". Michael Rajiv Shah und Isabella Mader widmen sich diesem Thema ausführlich (im Vergleich mit LinkedIn) und liefern ein Beispiel für eine „Referenzanfrage mit Mehrwert" (Shah/Mader, 2012, Seite 163). Die XING-Hilfe gibt gute Tipps: http://bit.ly/T89SmS.

TIPP Weitere Belege für Ihre Fähigkeiten, Ihr Know-how und Ihr Engagement bieten die *Dateianhänge* (Zeugnisse, Arbeitsproben, Referenzliste …) und die *Auszeichnungen* (für Ihren Beruf und – falls relevant – für Ehrenamt und Hobby).

Unternehmensprofile – auch für Bewerber interessant
Mitarbeiter suchen – Stellen finden

Laut einer BITKOM-Studie veröffentlichten 2010 fast 30 Prozent aller Unternehmen ihre Stellenanzeigen über die Online-Netzwerke (http://bit.ly/NT8Iwk). XING bietet vier (unterschiedlich teure) Formate sowie eine Projektbörse für Freiberufler (oben in der Leiste *Job und Karriere*).

In Ihrer Stellenanzeige präsentieren Sie Ihr Unternehmen ebenso authentisch, wie Sie sich in Ihrem Profil darstellen. Die Bewerber sollen sich darauf freuen, bei Ihnen zu arbeiten! Deshalb ist es wichtig, am Ende die potenziellen Mitarbeiter anzusprechen: „Schicken Sie uns Ihre Unterlagen", oder „Wir freuen uns auf Ihre Bewerbung!" Und nennen Sie einen konkreten Ansprechpartner mit Namen (und Telefonnummer oder Mailadresse).

Lange Texte gliedern Sie übersichtlich und schreiben Sie kurze, klare Sätze. Und denken Sie an Ihre relevanten Keywords, damit die Bewerber Ihre Anzeigen über die XING-Suche gut finden.

Mehr Informationen dazu direkt von XING-Experte Joachim Rumohr: **TIPP**
http://bit.ly/OHtknM.

Unternehmensprofil

Vom kostenlosen Basis- bis zum kompakten Plus-Profil haben Sie drei Möglichkeiten, Ihr Unternehmen darzustellen. Gemeinsam ist ihnen unter anderem ein *Über uns*. Dafür gehen Sie im Prinzip vor wie auf Ihrer Profilseite – auch ein Unternehmen hat eine Identität, ein Profil. Schreiben Sie einen Text, der Ihr Unternehmen positiv darstellt, mit Keywords und ansprechender Textgliederung. Die Standard- oder Plus-

Variante erfordert eine gewisse Professionalität. Dafür lohnt sich die Zusammenarbeit mit einer Agentur oder der internen PR- beziehungsweise Social-Media-Abteilung – Ihrer Online-Reputation zuliebe.

Hier drei Best-Practice-Beispiele:
- Basis: Irmen Personalberatung – http://bit.ly/PQU5YG
- Standard: dpa – http://bit.ly/OHy24J
- Plus: Deutsche Telekom – http://bit.ly/QTlSIU

Bitte beachten Sie: Sind Sie der Administrator Ihres Unternehmensprofils? Dann ist zwingend zu beachten: Schreiben Sie den Unternehmensnamen im Unternehmensprofil exakt wie in Ihrem persönlichen Profil (unter *Berufserfahrung – Unternehmen*)! Das ist wichtig, weil der suchmaschinenoptimierte Eintrag auf Ihrem persönlichen Profil nicht mit Ihrem Firmenprofil verknüpft wird (siehe Seite 135/36). Deshalb kann das Unternehmensprofil dann nicht korrekt zugeordnet werden – auch nicht in der XING-Suche. Sie müssen also überlegen, was Sie lieber möchten.

TIPP Hier finden Sie eine ausführliche Anleitung: http://bit.ly/PZRXfy.

KOMPAKT Ob für Einzelunternehmer, Führungskräfte, Mitarbeiter oder Bewerber: XING hat eine eindeutig beruflich orientierte Ausrichtung. Trotzdem geht es vor allem um Beziehungen. XING ist die ideale Plattform für die Etablierung einer seriösen Online-Reputation, deswegen darf man hier nur dezent werben. Vielseitige Möglichkeiten, sich textlich darzustellen, machen das XING-Profil (persönlich und für Unternehmen) zu einem Top-PR-Tool.

Handwerkszeug für Poster

Die Idee finden

Ob vor dem leeren Papier oder vor dem flimmernden Bildschirm: Wir sitzen davor und sind ratlos. „Was um Himmels willen schreibe ich denn jetzt bloß?" denken wir.

System entwickeln – die Kreativität wachkitzeln

Schriftsteller, Maler, Bildhauer, Komponisten, Designer – alle warten öfter auf den Musenkuss, als ihnen lieb ist. Also sind wir in bester Gesellschaft. Mit ein paar Tricks werden Sie Herr oder Herrin Ihrer vermeintlichen Leere.

Brainstorming

Erst checken Sie Ihre Ausgangssituation. Fragen Sie sich:
- Was sind die Wünsche und Bedürfnisse meiner Zielgruppe?
- Was biete ich und warum?
- Was ist besonders an meinem Angebot? (USP)
- Wie beschreibe ich das?
- Was sollen andere über mich wissen?
- Was möchte ich in puncto Geben und Nehmen bieten?

Befragen Sie Freunde, Familie, Kollegen, Kunden, Geschäftspartner – deren Meinung ist wichtig. Antworten und Ideen sammeln Sie im Brainstorming. Mehr Inspiration bekommen Sie auf den Seiten der Konkurrenz, auf Reisen, in Magazinen und Filmen. Das beweist einmal mehr: On- und offline gehören zusammen!

Ideen ordnen

So legen Sie sich einen kleinen Themenpool an. Dann geht's ans Sortieren – mit der Methode, die Ihnen zusagt:
- Tabelle – Themen nebeneinanderstellen
- Mindmapping – Strukturen und Zusammenhänge visualisieren

Nehmen wir an, Sie haben ein Café mit kulturinteressierten Kunden aller Altersgruppen, Familien und Singles.

Sie wählen die Tabelle:

gute Ideen (regelmäßig)	besondere Termine (ab und zu)	erst mal nicht (vielleicht später)
neue Produkte vorstellen, (Fotos, beschreiben) + Erdnusskuchen + Hausmarmelade + Tagessuppe	Rezepte/Anleitungen, (via Webseite) + Weihnachten: Kekse + Sommer: Gelee + Ostern: Eier bemalen	Wissenswertes aus der Branche + von anderen Seiten + Fachblog lesen
Fotos vom Lokal, von Kunden (um Erlaubnis fragen!)	Special Events + Lesungen + Ausstellungen + Kostproben-Aktionen	Bestimmungen, gesetzliche Vorschriften
Sonderaktionen: + Familienrabatt + Geburtstagskinder	Meinungsumfrage + Lieblingskuchen + Was wünschen Sie?	Preise

Mit Mindmapping erstellen Sie eine Gedankenlandkarte. Damit bündeln Sie Ihre Einfälle und machen Zusammenhänge sichtbar – per Hand oder auf Ihrem Computer.

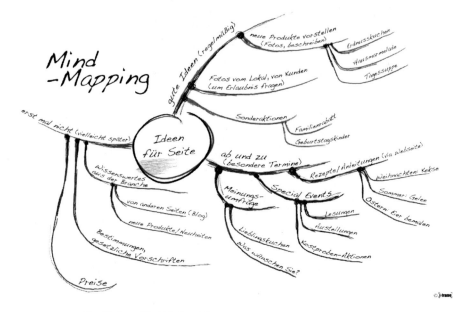

Eine Mindmap. ©Kathi Andree, i-frame

TIPP   Eine Zusammenstellung von Computerprogrammen zum Mindmapping finden Sie bei Chip Online: http://bit.ly/RggGBN

Einen Redaktionsplan erarbeiten

Nun verteilen Sie Ihre Themen aufs Jahr – auf Papier, in Excel, als Tabelle in Word oder in einer Kalenderdatei.

Dabei gehen Sie so vor: Zuerst setzen Sie Meilensteine zu einem Jubiläum/Jahrestag, zu Feiertagen oder besonderen Ereignissen (Stadtfest, Sommerferien ...). Dann überlegen Sie, was Sie einmal pro Woche als Thema der Woche posten könnten. Ein paar Posts haben Sie zum Start parat, andere kommen später hinzu. Dann haben Sie reichlich Platz für spontane Ideen! Manche Posts ergeben sich aus aktuellen Ereignissen oder aus Ihrer persönlichen Situation heraus:

- ein nettes Fundstück von einer anderen Seite (Link setzen)
- eine Umfrage unter Ihren Kontakten (formlos oder als spezielle Statusmeldung/Mitteilung)
- ein Bild vom Sonnenuntergang vor Ihrem Haus/Laden/Büro mit einem Feierabendgruß
- ein Zitat, das zu Ihrem Thema passt
- ein Reisebericht zum Thema Ihrer Seite (längeren Text auf Webseite/Blog stellen, dorthin verlinken)
- eine Bemerkung zu einem interessanten Artikel (mit Link)
- Hinweis auf eine Neuheit Ihrer Branche (Expertenwissen)
- ein Rezept, eine Anleitung, ein praktischer Tipp

Damit haben Sie dann schnell zwei bis drei Einträge in der Woche beisammen – und den Bogen raus.

Umsetzen organisieren
Social Media macht man nicht mit links. Planung, Administration und Kundenbetreuung kosten Zeit. Sie müssen sich über Neuentwicklungen der Portale informieren, auf Kundenfragen nahtlos reagieren und ein Monitoring durchführen. Nach dem Motto „Nur kein Schnee von gestern!" checken Sie regelmäßig Kontaktdaten und entfernen Ballast. Aktualität spielt im Web eine zentrale Rolle. Wenn Besucher merken, dass Ihre Einträge überholt sind, „sehen" Sie sie wahrscheinlich nie wieder.

In einem Stundenplan tragen Sie feste (auf Ihre Portale abgestimmte) Termine für Ihre Social-Media-Aktivitäten ein. Haben Sie keine Zeit dafür? Dann engagieren Sie einen Social-Media-Manager. Ab und zu tauschen Sie sich gemeinsam aus, damit Sie wissen, was auf Ihren Seiten los ist.

Sorgen Sie dafür, dass er oder sie von Ihnen die Materialien und Informationen bekommt, um Ihr Business sehr gut zu vertreten.

TIPP Haben Sie verschiedene Konten? Dann helfen Ihnen Tools wie HootSuite, Gremln, PR-Gateway Social-Media-Manager oder Bottlenose. Grundlegende Informationen zu solchen Social-Media-Dashboards finden Sie im Mittelstands-Wiki unter http://bit.ly/NmBxNE.

Auf die Kanäle verteilen

Haben Sie mehr als eine Seite, variieren Sie die Einträge. Die Sprache auf Facebook ist lockerer als auf XING oder LinkedIn. Auf Google+ findet man ein Spektrum von umgangssprachlich bis gepflegt. Wikis sind fachlich-sachlich orientiert, in Blogs gehen Sie in die Tiefe. Online-Pressemitteilungen dürfen keinen Werbecharakter haben und in Foren reden Sie, wie Ihnen der Schnabel gewachsen ist. Mit Twitter verknüpfen Sie alles – haben aber ein extremes Platzproblem. Im Klartext: Variieren Sie Ihre Posts, um sie den Portalen anzupassen. Zum einen, um die speziellen Fans beziehungsweise Kontakte gezielt anzusprechen. Und zum anderen, um doppelten Content zu vermeiden.

Ein Thema, zwei Varianten. Quellen: www.facebook.com, www.xing.de

Den Stil entwickeln, die Schreibe üben

Social Media wird im Sekundentakt konsumiert. Wer als Besucher einer Seite nicht auf einen Blick erkennt, was Sache ist, verlässt sie zügig. Gute Social-Media-Texte wecken Emotionen, sprechen die Leser (direkt) an. Sie drücken einen Gedanken aus, fragen, kritisieren oder weisen auf etwas hin.

Unterschied zu Print und Werbung

Im Unterschied zum Print haben Social-Media-Texte weniger Platz zur Verfügung – von Pressemitteilungen, Blogs und Wikis abgesehen. Die Nähe zur Werbung passt eher. Aber in einem Post geht es weniger ums Produkt – Kommunikation heißt das Zauberwort. Und deswegen ist die Sprache persönlicher. Der Content ist wichtiger als der Verkauf, die Beziehung wiegt mehr als die Ware. Egal, wie groß oder klein der Beitrag ist.

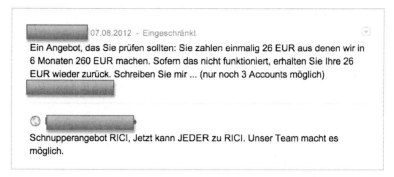

Werbung oder Social Media? Quelle: www.google.com

Storytelling – Unterhaltung trifft Marketing

Geschichten zu erzählen ist eine bewährte Marketingstrategie, denn sie weckt Emotionen (denken Sie an das Porsche-Beispiel). Damit können Sie bewirken, dass Ihr Fan oder Follower auf Ihren Beitrag reagiert, etwa mit einem Kommentar. Die kürzeste Story ist nur ein Wort lang (siehe Kapitel 5).

Die 140-Zeichen-Tweets von Florian Meimberg sind die hohe Kunst des Miniatur-Storytellings. Mit etwas Übung lernen Sie, die Essenz eines Inhalts zu finden und unterhaltsam zu präsentieren.

Zum (kurzen) Storytelling verrate ich gern ein paar Tricks:
- zur Pointe kommen
- mit Zeichen arbeiten: Smileys, Herzen ... aber nur vereinzelt
- überflüssige Füllwörter rausschmeißen – meistens sind es banale Adjektive ohne Zusatzinfo (wie hier überflüssige)
- positive Adjektive wählen, die Stimmungen transportieren: „überraschend", „schön", „begeisternd" ... (aber sparsam dosieren)
- kurze Sätze formulieren
- längere Sätze mit Gedankenstrich unterteilen
- Synonyme überlegen (wie in Kreuzworträtseln)
- von sich selbst sprechen („ich", „mein", „wir", „unser") – laut Dan Zarrella gibt das mehr Likes (Quelle: http://bit.ly/LjguNC).

> **heise online** 12:01 - Öffentlich
> Das jüngste Bild wirkt, als hätte die NASA jetzt flüssiges Wasser auf dem Mars gefunden, aber es handelt sich nur um eine Nachbearbeitung der Bilder, die die subtilen Unterschiede verstärken soll. So wirkt der Rote Planet überraschend blau. (mho)

Obwohl der erste Satz zu lang ist, wirkt das Storytelling. Quelle: http://plus.google.com

Aktiv sein: Verbalstil macht munter

Wir haben in der Schule gelernt, Passivkonstruktionen möglichst zu vermeiden. Das gilt erst recht im Social Web: Mit Liken, Plussen, Retweeten, Kommentieren und Teilen sollen Ihre Leser aktiv handeln – tun Sie's ebenso. Verbalstil und Aktivkonstruktionen wecken positive Assoziationen, spiegeln Tatkraft wider. Die Sätze wirken frischer, sind leichter verständlich und oft kürzer – so spricht man im „echten" Leben. Dagegen ist der Nominalstil unschöne „Hauptwörterei" (duden.de, http://bit.ly/NI25YV). Sprachguru Wolf Schneider forderte lange vor Social Media: „Nominalkonstruktionen zerschlagen!" (Schneider, 1995, Seite 94). Wenigstens sollte man es versuchen – leider verfallen auch Profischreiber immer mal wieder dieser Stilkrankheit.

Unterschied Verbal- und Nominalstil

Damit drücke ich aus ...	Damit bringe ich zum Ausdruck ...
Sie erwägen es.	Sie ziehen in Erwägung.
Wir beziehen uns auf ...	Wir nehmen Bezug auf ...
Das Gesetz tritt bald in Kraft.	Die Inkraftsetzung des Gesetzes findet bald statt.
Er sagt seine Meinung.	Er bringt seine Meinung zur Ausführung.
Wir verschönern unseren Auftritt.	Wir machen eine Verschönerung unseres Auftritts.

Ins Schwarze treffen – Kampf dem Wortmüll!

Neben dem Verbalstil gilt es, Floskeln und Wortmüll zu vermeiden – schon wegen des begrenzten Platzes. Es sei denn, Sie setzen sie bewusst als Stilmittel ein (Übertreibung, Ironie, Satire).

Hier eine Übersicht meiner Top 30 – subjektiv und nicht vollständig:

Klassiker	aktuell	doppelt gemoppelt
irgendwie	nachhaltig	schwache Brise
eigentlich	„man" statt „ich"	starke Bö
nicht wenige	hoch qualifiziert	große Hitze
Ich würde (fast) sagen	all inclusive	dichtes Gedränge
(es ist) halt (so)	Date	bunte Farben
auch	CEO	neu renovieren
nicht wirklich	Greenwashing	schnelles Tempo
bomben-, todsicher	maßgeschneidert	innovative Neuheit
meines Erachtens	krass	erfahrener Fachmann
ziemlich	(voll) geil	junges Mädchen

Im Netz gibt es hilfreiche Seiten dazu – hier sind drei davon:
- szenesprachenwiki.de – Sammlung zum Szenesprachen-Wörterbuch, http://bit.ly/QFFDQo
- karrierebibel.de – Floskel-Rangliste, http://bit.ly/Pr53CQ (basierend auf einer LinkedIn-Studie)
- trendwoerter.org – Trendwörter-Modewörter, http://bit.ly/OiXOut (mit Links zu weiteren Seiten)

Fragezeichen vermeiden – Ich versteh' nur Bahnhof

Ihr Beitrag soll gelesen und verstanden werden? Dann vermeiden Sie Fachbegriffe, Fremdwörter und Abkürzungen.

Fachchinesisch

Sprechen Sie Experten an, sind Fremdwörter oft unvermeidbar. Wenden Sie sich aber an die Allgemeinheit, erklären Sie die Begriffe. Denn sonst verstehen Ihre Fans nur „Bahnhof". Für ein größeres Zielpublikum rate ich zu einem sparsamen Einsatz von Fachvokabular. Alternative: Sie weisen zu Beginn Ihres Posts darauf hin, dass es nun etwas für Experten gibt.

Gut gelöst: Ein Spezialist wendet sich an andere. So ist der Laie nicht frustriert.
Quelle: http://plus.google.com

Abkürzungen

Klar, in kurzen Texten müssen Sie gelegentlich „usw." schreiben – wer hat immer genug Platz für „und so weiter"? Doch gehen Sie sparsam damit um – sonst wird der Post schnell formelhaft und unpersönlich. Abkürzungen wie LOL, ROFL und 2F4U sind typisch für Social Media. In Chats mit Freunden, in Diskussionen, im privaten Circle oder unter „Nerds" – kein Problem! In „normalen" Posts oder Kommentaren, mit denen Sie Fans und Follower gewinnen und halten wollen, setzen Sie diese kryptischen Zeichen in homöopathischen Dosen.

TIPP Eine Liste der gängigen Social-Media-Abkürzungen hat Thomas Hutter zusammengestellt: http://bit.ly/Q2Hdv7.

Fremdwörter

Die Geschwister des Fachchinesischs sollten ebenso sparsam eingesetzt werden. Allerdings: Eine Sprache lebt vom Einfluss anderer Sprachen und ändert sich fortlaufend. Heute sagt und schreibt kaum noch jemand „Schreibstube" statt „Büro" (von bureau) oder „Selbstbeweger" statt „Automobil". Das Handy gibt es im Englischen als Adjektiv – handy bedeutet „handlich", „umgänglich". Und das trifft es doch, oder? Für mich hat es gegenüber dem Mobiltelefon (bewegliche Fernstimme) durchaus seine Existenzberechtigung.

Was ist also der Maßstab? Richtschnur ist die allgemeine Verständlichkeit des Textes und er muss zu Ihnen beziehungsweise Ihrem Unternehmen passen.

TIPP Um Fremdwörter zu reduzieren, nutzen Sie die Online-Seiten von Duden, Ponds oder Langenscheidt. Oder klassisch: mit einem Fremdwörterlexikon – aber bitte ein aktuelles!

Aus der Online-Texter-Werkzeugkiste

Nachfolgend verrate ich Ihnen einige „Utensilien" aus meiner sprachlichen Werkzeugkiste. Damit können Sie Ihre Beiträge sprachlich aufpolieren. Vielleicht kreieren Sie einen witzigen Slogan? Oder Sie reimen ein paar Zeilen, jonglieren mit Synonymen, basteln ein Rätsel oder setzen ein Zitat ein. Bitte nehmen Sie diese Helferlein als Quellen der Inspiration. Damit herumzuspielen, öffnet in den kleinen grauen Zellen unbekannte Türen.

- Portal der Werbeslogans: http://bit.ly/RIzi73
- Slogans basteln: http://bit.ly/SOop65
- Reimlexikon: http://bit.ly/NsenKr
- Synonym-Wörterbuch: http://bit.ly/Popdz7
- Rätsellexikon: http://bit.ly/QFWClC
- Zitate: diverse Quellen, googeln Sie! Bitte beachten Sie die Zitierregeln: http://bit.ly/PrGaGW (Urheberrecht beachten)!

KOMPAKT

Sorgfältige Planung erleichtert das Organisieren Ihrer Social-Media-Aktivitäten. Zwischen fest geplanten Posts streuen Sie spontane Beiträge ein, zum Beispiel zu aktuellen Themen. Erzählen Sie kleine Geschichten, sprechen Sie Ihre Leser emotional an – egal, wie lang Ihr Beitrag ist. Die meisten Leser scannen Social-Media-Seiten im Sekundentakt. Deshalb schreiben Sie Ihre Posts im Aktivstil, frei von Worthülsen, mit wenig Fachjargon oder kryptischen Abkürzungen. Reimspiele, Slogans, passende Synonyme oder kleine Zitate geben Ihrem Beitrag zusätzlichen Pfiff. So halten Sie Fans und Follower bei Laune.

Tipps und Tricks zur Technik des Postens

Darf's ein bisschen mehr sein?

„Wie viel soll ich denn schreiben?" Das fragen Sie sich bestimmt. Einer aktuellen Studie zufolge nach funktionieren bei Facebook drei Zeilen am besten (August 2012, http://bit.ly/Nux8wy). Twitter erlaubt nur 140 Zeichen. Google+ dagegen hat viele erfolgreiche längere Postings. Auf XING haben die längeren „Über-mich"-Beiträge eine wichtige Aufgabe. LinkedIn kommt oft ohne Text im Update aus, fast immer werden die Links einfach nur kommentarlos geteilt. Gruppendiskussionen sind unterschiedlich lang, je nach Thematik. Blog- und Wiki-Beiträge sowie Pressemitteilungen müssen eine gewisse Länge haben, sonst erreichen sie ihr Ziel nicht. Sie sehen: Social-Media-Beiträge können mal kurz, mal lang sein.

Es kommt darauf an, wer für wen und über was schreibt.

Posts kürzen – gewusst wie

Gerade bei langen Texten ist Kürzen eine Kunst. Worthülsen, Trendwörter, Doppelungen und ähnlicher sprachlicher Ballast bremsen das Lesevergnügen. Am besten, Sie haben beim Schreiben immer die Schere im Kopf – was die Worte betrifft, nicht den Inhalt.

Bei „normalen" Posts helfen folgende Strategien, den Text auf den sichtbaren Bereich einzudampfen:
- Streichen Sie Füllwörter, Worthülsen, Doppelungen.
- Aus eins mach zwei: Teilen oder kürzen Sie zu lange Sätze, beispielsweise mit Aktiv- statt Passivkonstruktionen.
- Vereinfachen Sie durch Verbalstil.

- Kürzen Sie (nur) ab, was allgemein verständlich ist: z. B., u. a. usw. etc. ...
- Gestalten Sie Ihre Posts nach den Möglichkeiten Ihrer Portale: auf Google+ länger, auf Facebook kurz.
- Halbieren Sie einen langen Beitrag: Einen Teil setzen Sie als Kommentar darunter. Das ist ideal, wenn Sie einen Link, ein Bild oder ein Video posten.
- Spammen Sie nicht mit Ihren Keywords: höchstens eins pro (kurzem) Post.
- Kürzen Sie Links (siehe Unterkapitel *Die Sache mit den Links* auf Seite 176).
- Bleibt der Text trotzdem zu lang, schreiben Sie ihn in Ihrem Blog. Dann platzieren Sie auf Ihren Netzwerken einen Link dorthin – mit einem neugierig machenden Kommentar.

Inga Palme hat einen Link geteilt.
16. August in der Nähe von Düsseldorf

Fleisch aus dem 3D Drucker – die Zukunft?

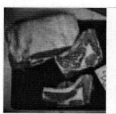
Bioprinting: Modern Meadow druckt Schnitzel – Golem.de
www.golem.de

Das US-Unternehmen Modern Meadow entwickelt eine Technik, um Fleisch aus einer Biotinte per 3D-Drucker herzustellen.

Gefällt mir · Kommentieren · Teilen

Alle 8 Kommentare anzeigen

Kurz und knapp auf den Punkt gebracht und mit einer Frage, die Leser aktiviert.
Quelle: http://facebook.com

Die Kunst des Ein-Wort-Posts

Manche Posts bestehen nur aus einem einzigen Wort – eine Metapher oder einem Symbol/Icon. Meistens begleiten sie ein stimmungsvolles Foto oder einen Link zu einem lustigen Video – nach dem Motto „Worte zerstören, wo sie nicht hingehören". Erinnern Sie sich noch an das Nutella-Posting von Seite 44? Ideen und nützliche Tools dazu finden Sie in Kapitel 5.

Ein Wort reicht, um Stimmung zu erzeugen: „Schade, dass der Sommer bald vorbei ist".
Quelle: www.plus.google.com

Retourkutschen: Kommentare sind Mini-Postings

Ein Kommentar ist ein Baustein einer Social-Media-Kommunikation. Er kann unterschiedliche Funktionen haben. Welche, hängt davon ab, auf was und wen Sie reagieren: eine Haltung oder einen Standpunkt widerspiegeln, Interesse wecken, neugierig machen oder unterhalten – wieder ohne werbenden Charakter.

Niemals, aber wirklich niemals auf einen Beitrag mit einem werbenden Kommentar reagieren. Das ist gegen die Netiquette. **TIPP**

Kommentare können unter anderem ...
... einen Beitrag ergänzen
... ein Bild ergänzen
... etwas bestätigen
... eine Frage stellen
... den eigenen Standpunkt darlegen/Kritik äußern (ohne Spam!)
... einen Gedanken mitteilen
... eine humorige Replik abgeben
... Freude oder Dankbarkeit zeigen
... Bedauern ausdrücken
... einen Tippfehler im Post humorvoll korrigieren (dagegen ist niemand gefeit)

Praktische Tipps – nützliche Tools

Nachfolgend stelle ich Ihnen nette kleine Extras vor, mit denen Sie Ihre Posts aufpolieren.

Die Sache mit den Links: Kurz ist besser
Bei einem Link (wörtlich: Verbindung, Anknüpfungspunkt) handelt es sich meistens um eine kopierte URL. Dann erstreckt sie sich als Rattenschwanz über mehrere Zeilen. Mache URLs sind sogar drei- bis viermal so lang wie ein Tweet. Um das zu vermeiden, nenne ich Ihnen hier drei Tools zur Linkverkürzung: bit.ly, goo.gl und tiny.url.

Mit Statistiktool – bit.ly
Bei bit.ly gibt's zusätzlich eine nützliche Statistikfunktion. Sie zeigt zunächst an, wie viele User den Kurzlink anklickten – seit er das erste Mal eingestellt wurde. Klicken Sie weiter, bekommen Sie weitere statistische Informationen.

Mit bit.ly können Sie den kurzen Link auf Facebook und Twitter sharen (teilen) sowie als E-Mail versenden. Das hilft Zeit zu sparen!

Zeit-Klicks – goo.gl
Der Linkverkürzer von Google bietet ebenfalls ein Statistiktool, allerdings ist es nicht so umfangreich. Er informiert Sie, wie oft und in welchem Zeitraum der Link angeklickt wurde.

Sicher dank Vorschau – tinyurl.com
Zwar gibt es hier keine Statistikfunktion. Dafür erhalten Sie einen zweiten verkürzten Link, der eine Vorschau (Preview) anzeigt. Wenn Ihnen die Zahlen weniger wichtig sind, wählen Sie diesen Dienst. Damit geben Sie Ihren Lesern Gelegenheit zu checken, ob der Link vertrauenswürdig ist.

Linkverkürzer der Netzwerke
Twitter verkürzt zu lange URLs automatisch mit einem eigenen Dienst (tw), XING ebenso (xing.com). Facebook kürzt mit fb.me ab, wenn ein Post von einer Seite auf Twitter weitergeleitet wird. LinkedIn verwendet linkd.in.

Ihre Texte auf dem Prüfstand

Dass Sie längere Posts, Blogbeiträge und Wiki-Artikel vor Veröffentlichung besser Korrektur lesen (lassen), wissen Sie. Namen von Kunden und Fans sind richtig geschrieben, und natürlich haben Sie alles schön strukturiert: Längere Texte verfügen über Absätze, Zwischenüberschriften oder optische Anker. Als Experte verwenden Sie Fachbegriffe ohne ins Branchen-Blabla zu verfallen. Sie erklären diese Wörter für Laien und erhöhen damit Ihre Online-Reputation und die Chance auf wertvolle Kontakte.

Um längere Posts auf Verständlichkeit zu checken, finden Sie im Netz diverse nützliche Programme. Einige davon habe ich nachfolgend für Sie zusammengestellt. Sie sind nicht der Weisheit letzter Schluss, unterstützen Sie aber vor allem am Anfang Ihrer Social-Media-Karriere. Ein Mensch mit gutem Sprachgefühl ist jederzeit vorzuziehen.

- BlaBlaMeter – Worthülsentexter: http://bit.ly/PsvRpz
- Textinspektor – überprüft die Verständlichkeit: http://bit.ly/R4nDDK
- Wordcounter – sucht nach Füllwörtern: http://bit.ly/N5ZI1G

Drei Best Practice zu den Großformaten – hier werden die Handwerksfragen gut gelöst:
- Blog: Lemoncurd selbst machen, http://bit.ly/OkE4H1
- Wikipedia: Ernst Fraenkel (Politikwissenschaftler), http://bit.ly/QFLR3O
- Pressemitteilung: Roger Willemsen als Jurymitglied, http://bit.ly/PqHFrO

Bilder verschlagworten

Wenn Sie Ihr Posting oder Ihren Kommentar mit einem Bild oder Video ergänzen, sollten Sie es vor dem Hochladen verschlagworten. Versuchen Sie, hier im Rahmen der SEO, Ihr Keyword einzubauen. Dann fügen Sie ein, zwei Wörter zum Inhalt hinzu.

TIPP Nutzen Sie ein Synonymlexikon, wenn Sie nach bestimmten Wörtern suchen. Damit bekommen Sie viele Anregungen und Ideen zum Variieren.

KOMPAKT Die Qualität eines Posts ist von Content und Struktur geprägt, unabhängig von seiner Länge. Ganz kurze Beiträge bestehen sogar nur aus einem Wort oder Symbol. Wichtig für alle ist: Sie sollten frei von Worthülsen, „Hauptwörterei" und Spam sein. Das gilt ebenso für die Kommentare. Um das zu erreichen, bieten sich einige Tools an. Dazu gehören Linkverkürzer, Worthülsentexter und einige mehr.

Stolperfallen aus dem Weg gehen

Um frei und fröhlich auf dem Social-Media-Marktplatz zu schlendern, entwickeln Sie ein Frühwarnsystem für Stolperfallen. Manche stecken in uns, andere kommen auf uns zu:
- Zeit
- Umgang mit Kritik
- Trolle: Stänkerer, Nörgler, Denunzianten ...
- Shitstorm: alles Schlimme auf einmal

Die liebe Zeit – das ist Ihr Mindesteinsatz!

Immer wieder hört man, dass Social Media umsonst sei. Das ist nur bedingt richtig. Viele Foren und Portale sind zwar in einer Basis-Version kostenlos, aber wenn Sie keine Zeit investieren, bringt es nichts. Die Portale pflegen sich nicht von alleine. Das kostet Zeit – und die bedeutet für jeden Unternehmer Geld.

Die Zeit beherrschen – Planung ist alles!

Auf dem Marktplatz Social Media gibt es verschiedene Mittel und Wege, die Zeit sinnvoll einzuteilen. Der größte Zeitfresser steckt in uns selbst: die Gefahr der Ablenkung. Sind Sie im Netz unterwegs und suchen nach neuen Themen, bleiben Sie bei der Sache und halten Sie Ihren Stundenplan ein.

Wichtig sind außerdem:
1. ein Redaktionsplan, der im Vorfeld Themen und Inhalte sowie konkrete Termine festlegt
2. ein Stundenplan zur Umsetzung des Redaktionsplans
3. verschiedene Tools wie die Social-Media-Dashbords, die als Leitstelle für Ihre Einträge in diversen Konten dienen

4. für unterwegs: Social-Media-Apps (siehe hierzu ein Artikel auf t3n: bit.ly/S8tSX1)
5. größere Unternehmen: Engagieren Sie unterschiedliche Mitarbeiter für Beschwerdemanagement und Blog-Schreiben
6. ein Zeitmanagement organisieren

Reagieren Sie zeitnah auf Anfragen und Bewerden – spätestens innerhalb von 24 Stunden.

TIPP

Das gefällt dem Fan: sich entschuldigen. Dann ist die Verzögerung verziehen.
Quelle: www.faceook.com

Stolperfallen im Vorfeld verhindern – Social-Media-Guidelines

Im Idealfall formulieren Leitung und Betriebsrat gemeinsam, wer wann und was im Namen des Unternehmens postet. Das ideale Instrument ist eine Social-Media-Guideline (englisch = Anleitung). Sie legt fest, wie sich die Mitarbeiter im Social Web verhalten können und sollen. Das betrifft sowohl Social-Media-Manager als auch Angestellte und Führungskräfte, die in ihrer Freizeit posten. Denn auch als Privatperson sollten sie sich dem Unternehmen verpflichtet fühlen: „Wes Brot ich ess, des Lied ich sing" auf die multimediale Art.

Stolperfallen aus dem Weg gehen | 181

Beispiel: Entwurf für eine Social-Media-Guideline

1. Als Mitglied des Unternehmens verhalten Sie sich loyal – ob Sie dienstlich oder privat im beziehungsweise mit dem Namen der Firma posten.
2. Machen Sie Ihre private Meinung als diese deutlich.
3. Seien Sie professionell, authentisch und glaubwürdig.
4. Behandeln Sie Vertrauliches vertraulich.
5. Usern gegenüber verhalten Sie sich stets wertschätzend-freundlich, erst recht bei Kritik (nicht spiegeln!).
6. Gehen Sie sachlich mit Kritik um – bieten Sie Lösungen an. Wir lernen aus Fehlern, und Kritik ist oft ein erster Weg.
7. Beachten Sie das Urhebergesetz und Persönlichkeitsrecht.
8. Belegen Sie Fakten möglichst beziehungsweise verbreiten Sie nicht ungeprüft Gehörtes/Gelesenes.
9. Für Social-Media-Manager: Organisieren Sie Ihre Arbeit so, dass sie innerhalb des gesteckten Rahmens (Redaktionsplan) erfüllbar ist. Müssen Änderungen vorgenommen werden, wenden Sie sich bitte an ...
10. Halten Sie sich an die im Arbeitsvertrag aufgeführten Bestimmungen zur Nutzung von Social Media während der Arbeitszeit.

TIPP Anregungen und Ideen finden Sie in diesem Paper der BITKOM: bit.ly/NRZjSD

Trolle im Shitstorm – vom Umgang mit massiver Kritik

Wer eine Facebook-Seite betreibt, muss Kritik ernst nehmen. Auf keinem anderen Social-Media-Portal wird so viel heftige Kritik an Unternehmen geübt. Manchmal ist sie berechtigt und macht uns auf Probleme aufmerksam, die wir nicht gesehen haben. Ein Beispiel dafür sind die verschiedenen Kundendienstseiten im Social Web. Sie setzen auf Dialogbereitschaft und Transparenz.

Aber es gibt viel mehr Lob und wunderbare Gelegenheiten, positive Imagepflege zu betreiben. Das ist das Pfund von Social Media – und damit gilt es zu wuchern. Dann fällt der Umgang mit Kritik kinderleicht.

Kritik positiv begegnen – gar nicht schwer!
Im Internet verbreitet sich Kritik im Buschtrommel- und Rauchzeichentempo. Ungerechtfertigte Kommentare avancieren zur allgemeinen „Wahrheit" – wenn man ihnen nicht schnell und entschieden genug begegnet. Dabei sind Vulgärausdrücke und persönliche Beleidigungen ein beliebtes Werkzeug. Auch deshalb fürchten viele Unternehmen den Schritt ins Social Web wie der Teufel das Weihwasser.

Dabei ist es mit der passenden Strategie recht einfach, mit Kritik umzugehen. Voraussetzung ist:
- Social-Media-Auftritte sorgfältig planen, spontane Postings vor dem Absenden prüfen – Kritik vermeiden
- solides Wissen, was die Brache und ihre Randthemen betrifft – denken Sie an Ihre Online-Reputation
- Kritik ernst nehmen – vielleicht ist etwas Wahres dran?

- gelassen bleiben – mit Kritik muss man rechnen
- freundlich antworten – keine Fans vertreiben, selbst wenn der Fan im Unrecht ist
- auf Kritik schnell antworten (innerhalb von 24 Stunden) – gegebenenfalls eine persönliche Nachricht ankündigen und schicken
- Kommentare anderer zulassen – Transparenz und Dialogbereitschaft zeigen
- ist die Kritik gerechtfertigt – sich entschuldigen, in die Diskussion treten, Lösungen anbieten

So schnell kann man Kritik positiv wenden – mithilfe anderer Fans.
Quelle: www.facebook.com

Zum Stänkern geboren – Trolle, Sockenpuppen, Elche

Miesepeter, Stänkerer und Nörgelfritzen: Als sogenannte Trolle tummeln sie sich in Foren und Blogs, wo sie durch Meckern und Provokationen auffallen. Sie lauern überall: auf Facebook und XING, in Blogs und Foren. Ihre Posts sind oft mit verbalen Entgleisungen gespickt. Trolle leiten ihren Namen von einer bestimmten Art des Fischfangs ab, dem *trolling*. Dafür wird eine Schleppangel eingesetzt, der kaum ein Fisch entkommen kann. (Quelle: Wikipedia, http://bit.ly/NckFOo)

Keine echten Trolle: die Spaßvögel

Manchmal ist so eine Provokation augenzwinkernd gemeint – dann cool bleiben und selbst lachen. Eine harmlose Spezies sind die Quatschköpfe, die Blödsinn posten wie Kinder Klingelmäuschen spielen.

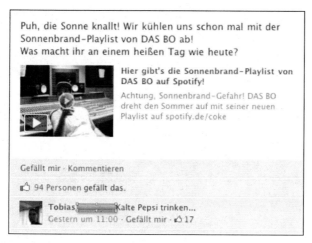

Auf der Coca-Cola-Seite: eher keck-ironisch gemeint als trollig.
Quelle: www.facebook.com

Grenzgänger – Spammer

Einen Haufen Müll posten, ohne jemanden zu beleidigen – das tun Spammer. Zwar kränken oder mobben sie niemanden, aber sie überfluten einen mit billigen Werbeposts wie einst zu den Hochzeiten der Kaffeefahrten-Wurfsendungen.

Hier gilt ebenso: freundlich auffordern das einzustellen. Ein Social-Media-Neuling ist vielleicht noch nicht vertraut damit, dass es um Beziehungen geht. Ignoriert ein Spammer Ihre Bitten, dann behandeln Sie ihn wie einen Troll!

Spammen ist keine Kommunikation. Quelle: www.google.com

Vorsicht! Hinter Spams und Bots stecken oft betrügerische Absichten, vor allem in Foren und auf Spieleplattformen. Klicken Sie deshalb nicht auf Links von seltsamen oder aggressiv werbenden Beiträgen. Verdächtige Inhalte melden Sie bei der Beschwerdestelle von eco – Verband der deutschen Internetwirtschaft e.V.: http://bit.ly/U1Eze0.

Bots – keine Menschen

Bei Sven-Olaf Peeck fand ich ein nettes Beispiel für einen Bot, den er auf der Facebook-Seite von Legoland entdeckte. Beim Lesen fällt sofort der absurde Blödsinn ins Auge. Zählt man eins und eins zusammen,

Jonathan Ehmke ▸ LEGOLAND Deutschland
6. August um 19:24 ·

ein Name ist Sommer, ich bin 15 Jahre alt. Ich habe blonde Haare und blaue Augen. Ich habe keine Nase oder Ohren und mein Körper ist mit Narben bedeckt.
Habe ich Ihnen sagen, dass ich tot bin?
Mein Vater brachte mich mit einem Küchenmesser.
..... in das Jahr 2001.
Wenn Sie nicht veröffentlichen diese auf ...... zu 10 anderen Seiten oder Gruppen in den nächsten 15 Minuten werde ich wieder
erscheinen heute Abend durch Ihr Bett mit dem Küchenmesser, das mich getötet, und ich
... ... werde dich töten.
Nr. .. egal, wie alt du bist – ich werde Sie umbringen.
Es liegt an Ihnen, wenn Sie-RE wird oder nicht, aber das ist keine Lüge. Dies ist für real!
Nun kopieren Sie diese und fügen Sie ihn auf die Wände von 10 anderen Seiten
oder Gruppen.
Ihre Zeit wird knapp. Das ist kein Fake.
Wenn Sie kopieren und diese zu zehn Seiten in den nächsten zehn Minuten, haben Sie den schönsten Tag in Ihrem Leben morgen. Sie werden entweder küsste oder aus gestellt bekommen.
Wenn Sie diese Kette brechen sehen Sie eine kleine tote Mädchen auf dem Zimmer heute Abend.
In 53 Minuten wird jemand sagen ich liebe dich oder im sorry oder ich will mit dir ausgehen

Gefällt mir · Kommentieren

So ein Quatsch ist automatisch hergestellter Content – und das Profil ein Fake.
Quelle: www.crowdmedia.de

macht sich rasch die Erkenntnis breit: Hier war kein Mensch am Werk, sondern eine Maschine. Weder Konto noch User noch Post sind real. Entscheiden Sie in so einem Fall, ob Sie ihn stehen lassen und für die anderen entsprechend kommentieren und als Beispiel in ihrer Community verbreiten. Über solche Hinweise freuen sich die meisten.

Wenn's zur Sache geht: Trolle nicht füttern!
Besonders feige Trolle treiben mit Tarnnamen ihr Unwesen, nur wenige stehen zu ihrer echten Identität. Sie bremsen fachliche Diskussionen aus und versuchen, Konflikte innerhalb einer Gruppe oder Community zu schüren. Die Beweggründe sind unterschiedlich: „Spaß und Freude", Langeweile, Rache oder Unzufriedenheit.

Klassischer Fall von Troll: am besten aushungern lassen ... Quelle: www.facebook.com

Am besten ignorieren Sie die Trollereien: „Trolle nicht füttern!" heißt deshalb das Motto. Das ist die schlimmste Strafe. So hungern Sie sie regelrecht aus.

Die meisten Netzwerkportale verfügen über Spamfilter. Außerdem können Sie Beiträge oder sogar User selbst als „unangemessen" beziehungsweise Spammer melden. Mehr dazu finden Sie über den Hilfebereich Ihres Portals.

Beispiel
Ausgangslage: Ein unzufriedener Kunde beschwert sich über ein mangelhaftes Produkt und übt sehr harsche Kritik.

Steckt ein einfaches Problem dahinter, reicht meistens schon eine freundliche Antwort aus, um den aufgebrachten Kunden zu beruhigen. Hat er eine Idee, was Sie hätten besser machen können, bedanken Sie sich. Das macht ihn glücklich und Sie haben eventuell eine Anregung für eine Optimierung.

Irrt sich der Kunde, antworten Sie ihm ebenso freundlich. Stellen Sie die Sache richtig, am besten mit einem Beleg (Link). Wenn er dann aber weiter rumstänkert, ignorieren sie ihn oder erinnern ihn an die Netiquette oder die Regeln der Höflichkeit.

Wird der Troll nun beleidigend oder ausfallend, löschen Sie ihn aus Ihren Kontakten (bei XING), verbannen ihn in eine Nörglerliste (Facebook) oder entfolgen ihn (Google+, Twitter). Außerdem können Sie ihn den Portalbetreibern (Facebook, Google+, XING ...) melden.

Um die Transparenz zu erhalten, löschen Sie die Beiträge zunächst nicht, denn das ist Wasser auf die Mühlen der Trolle. Oder Sie schlagen sie mit Ironie, wie der folgende Screenshot zeigt.

Gelassen, witzig und ironisch: So kann man Trolle aushebeln. Quelle: www.facebook.com

Vielleicht entschuldigt sich dann der vermeintliche Troll und verhält sich fortan zivil – auch wenn seine Meinung weiterhin fragwürdig bleibt. Ist ein Beitrag offensichtlich rassistisch, sexistisch und religiös verunglimpfend? Dann sollten Sie ihn wirklich löschen – entweder sofort oder nach Ankündigung. Wird aus dem Diskussionsverlauf nicht klar, warum Sie das getan haben, erklären Sie es zusätzlich.

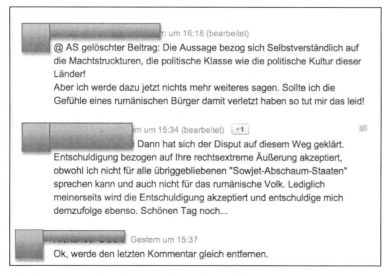

Aus der Seite eines Printmagazins: Kommentar gelöscht – nach Ankündigung.
Quelle: http://plus.google.com

Eine Ergänzung zum Thema verbannen und entfolgen: Manche Trolle ziehen sich dann einfach eine Sockenpuppe über – sie legen ein neues Profil an. Dann schlagen die Plagegeister erneut zu. Aber meistens werden sie schnell erkannt.

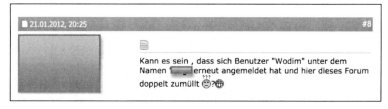

Ertappt! Sockenpuppen nützen nicht immer ... Quelle: http://forum.musikding.de

Die Elche und die Troll-Falle

Manche Provokateure zielen darauf ab, dass SIE als Troll dargestellt werden: Das sind die Elche. Diese üblen Gesellen schreiben selbst provokante Beiträge. Sie setzen darauf, dass andere entsprechend harsche Kommentare verfassen. Und, schwupp, können sie jemanden als vermeintlichen Troll denunzieren oder anschwärzen. Das betrifft vor allem politische und gesellschaftliche Themen. Oder sie stellen so dumme Fragen, dass andere unbedarft drauf antworten und nicht merken, dass sie bösartig verschaukelt werden.

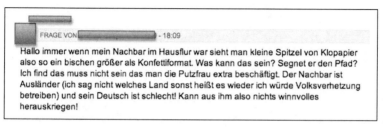

Ein Elch auf Tour. Quelle: www.gutefrage.net

Seien Sie in Ihren Kommentaren vorsichtig mit Vergleichen, die andere in eine Schublade packen. Dann werden Sie ruck, zuck zum Troll abgestempelt.

Immer positiv bleiben – den Shitstorm abwehren

Erinnern Sie sich noch an TelDaFax? Das Troisdorfer Unternehmen geriet aus mehreren Gründen in die Kritik und in das Visier der Staatsanwaltschaft. Und viele Kunden waren erbost über den mangelhaften Service, schlechte Leistungen und vieles mehr.

TelDaFax – Worst-case-Szenario

So kamen viele TelDaFax-Kunden darauf, auf Facebook ihrem Unmut Luft zu machen. Dem Unternehmen wurden die Beschwerden lästig. Es wies die Kunden (!) an, sich an eine andere Stelle zu wenden – ohne ein einziges „Bitte". Dann brach der Shitstorm über das Unternehmen ein – flankiert von einer Tweet-Welle. Und das lag, so ergaben Analysen, vor allem am Oberlehrerton.

TelDaFax Leute, die Seite ist echt nicht der geeignete Platz für Beschwerden und Kundenanliegen. Wir möchten Euch unterhalten, informieren, auf verschiedene Themen aufmerksam machen und Eure Meinung zu diesen Themen hören. Kontaktmöglichkeiten für Kundenanliegen seht Ihr unter "Info".
25. Februar um 14:00 · Feedback anzeigen (80)

Hochmut kommt vor dem Fall. Quelle: bluereport.net

Dieser Fall ist ein Paradebeispiel dafür, was passiert, wenn es kein ordentliches Beschwerdemanagement gibt. Dabei zeigt sich erschreckend, welchen Stellenwert Social Media bei vielen Unternehmen (immer noch) hat: Das könne man mal eben so „mit links machen". Mit Links, ja – aber nicht nebenbei. Die Beschwerden der Fans ernst zu nehmen, hätte zumindest etwas Ruhe in den Vorgang gebracht. So kam noch der Imageschaden hinzu – TelDaFax ist heute Geschichte. Andere Unternehmen haben das besser gemacht.

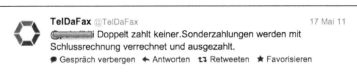

Der letzte Tweet von TelDaFax – bis zum Schluss kein „tut uns leid". Quelle: http://twitter.com

Auf SlideShare gibt es eine unkommentierte Zusammenstellung von Screenshots dazu (http://slidesha.re/ScDMXJ).

TIPP

Dem Shitstorm die Stirn bieten

Deutsche Bahn
Die Facebook-Seite der Deutschen Bahn zeigt, dass sie viel Kritik und Trollerei einstecken muss – aber sie kann damit umgehen. Hier sehen wir, wie es funktioniert. Wichtig ist:
- bei Angriffen ruhig bleiben
- sich für den Fehler/den Vorfall entschuldigen
- den enttäuschten oder erbosten Fan oder Follower auf eine weitere kompetente Stelle verweisen
- konkrete Hilfen anbieten

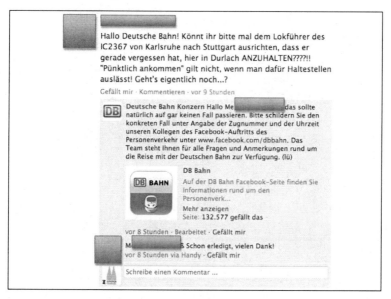

So geht man mit erbosten Fans um – und verhindert einen Shitstorm.
Quelle: www.facebook.com

Stolperfallen aus dem Weg gehen | **193**

Nestlé

Im März 2010 durchlebte der Lebensmittelkonzern eine schwierige Zeit. In einem Video hatte Greenpeace Nestlé angegriffen. Das Unternehmen ließ indonesische Urwälder roden, um Palmöl herzustellen. Das steckt vor allem im Schokoriegel KitKat. Durch die Rodung wurden die ohnehin vom Aussterben bedrohten Orang-Utans noch mehr gefährdet.

Der verstörende Film dauert weniger als eine Minute. Er führt die katastrophalen Folgen der Rodungen für das Ökosystem – vor allem für die Orang-Utans – vor Augen. Ein sachlicher Kommentar dazu verstärkte die drastische Sprache der Bilder – das bewegte emotional und rational veranlagte Menschen gleichermaßen. Greenpeace setzte den Film auf YouTube ein, über 1,5 Millionen User klickten ihn weltweit an (hier das deutsche Video: http://bit.ly/PytLBl).

> Hochgeladen von GreenpeaceDE am 24.03.2010
> Kitkat enthält Palmöl. Das Palmöl stammt unter anderem aus Indonesien. In Indonesien werden jährlich 1,87 Millionen Hektar Urwald zerstört. Das Anlegen neuer Ölpalmen- und Akazienplantagen ist ein Hauptfaktor der Regenwaldzerstörung in Indonesien. Die Greenpeace-Kampagne „Nestlé – Give the Orang-Utan a break" führte im Mai 2010 zu einem ersten Erfolg: http://bit.ly/9nZmJE

Der Kommentar von Greenpeace ist sachlich – der Film gar nicht. Quelle: www.youtube.com

Der Link auf Facebook wurde ebenfalls mit einem sachlichen Beitrag gepostet. Die Social-Media-Strategie von Facebook ging auf: Innerhalb weniger Tage beteiligten sich weltweit rund 250.000 Menschen an einer Kampagne gegen den Konzern – die meisten online. Schließlich konnte Greenpeace den Erfolg seiner Kampagne melden – und Nestlé hat „überlebt".

Anders als TelDaFax hat Nestlé aus dem Shitstorm gelernt. Quelle: www.facebook.com

Am Ende gingen alle als Gewinner aus dem Skandal hervor – so scheint es jedenfalls: Greenpeace etablierte sich als moralische und politisch einflussreiche Instanz. Nestlé reparierte sein ramponiertes Image und die Orang-Utans sind (vorerst) gerettet. Bis heute bewegt die Episode die Gemüter – und Nestlé weiß jetzt um die Macht von Social Media.

Zwei Jahre später ist der Nestlé-Skandal immer noch Thema im Social Web.
Quelle: www.google.com

Stolperfallen aus dem Weg gehen | **195**

Vodafone

Den letzten großen Shitstorm bis Juli 2012 erlebte Vodafone: Angefangen hat es mit der Beschwerde einer Kundin über eine fehlerhafte Rechnung. Sie beklagte die ungerechtfertigte Höhe. Zugleich mokierte sie sich, dass ihr weder im Laden noch bei der Hotline geholfen worden sei. Bis heute (Mitte August) hat der Post über 15.500 Kommentare. Dass da viele Trolls zugeschlagen haben, wird keinen wundern. Doch wie es aussieht, wird Vodafone den Angriff überstehen. Der Shitstorm ist zwar eine steife Brise, aber noch kein Orkan.

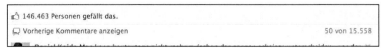

Über 145.000 User sahen sich den Beitrag an – verdächtig viele? Quelle: www.facebook.de

Kundige Blogger haben einen Verdacht: Hier wurde absichtlich gefaket. Schon länger vermuten Blogger, dass hinter so manchem Shitstorm gekaufte Stimmen stecken (Kai Thrun, Quelle: http://bit.ly/Przlb4; Sven-Olaf Peeck, http://bit.ly/PyUw8E). Allein die extrem hohe Zahl der Kommentare spricht für Manipulation. Noch nicht einmal TelDaFax erlebte so viele Kommentare. Trotzdem: Auch ein gefakter Shitstorm kann fatale Folgen haben.

TIPP Weitere Beispiele zum Thema Shitstorm finden Sie bei t3n: http://bit.ly/SH0w06

Den Shitstorm abwehren, bevor er losgeht

Sollte der Shitstorm über Sie hereinbrechen – manipuliert oder nicht –, ist aktives Handeln angesagt. Aber besser noch, Sie wehren den Anfängen. So wie es die Deutsche Bahn macht: Sie informiert regelmäßig über Baustellen und andere Probleme – für 47.000 Follower auf Twitter und 28.000 Fans auf Facebook („Max Maulwurf"). So erhöht sich die Chance, einen Shitstorm zu vermeiden.

Weiter oben sprach ich davon, dass man Fehler, wenn man sie selbst rechtzeitig erkennt, schnell aufdeckt. Als Paradebeispiel dafür möchte ich die Stiftung Warentest nennen. Ihre Entschuldigung ist etwas lang – aber sie hat Ärger vorgebeugt und dabei noch Sympathiepunkte verbucht.

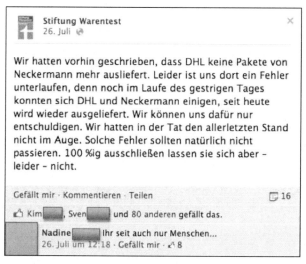

Irren ist menschlich. Quelle: www.facebook.com

Best Practice für Service- und Beschwerdemanagement:
- Lidl – http://on.fb.me/TPT44p
- Telekom – http://on.fb.me/SJ6wVj
- Deutsche Bahn – http://on.fb.me/NSdbQK

KOMPAKT Für einen möglichst problemlosen Social-Media-Auftritt entwerfen Sie zunächst eine solide Planung, vor allem in Sachen Zeitmanagement. Social-Media-Guidelines regeln die Zuständigkeiten – diese am besten an Profis vergeben. Praktikanten müssen immer wieder neu angelernt werden, abgestellte Mitarbeiter haben vielleicht weder Interesse noch Energie dafür. So wappnen Sie sich zusätzlich sehr gut gegen Spammer, Trolle, Sockenpuppen, Bots und Elche – und den Shitstorm. Wie immer heißen hier die Trumpfkarten: Transparenz, Dialogbereitschaft, Mensch sein.

Vor Unwissenheit wird gewarnt

Rechtliches

Ich kann und darf keine rechtsverbindlichen Auskünfte geben. Trotzdem möchte ich ein paar Empfehlungen aussprechen, die Sie in Ihr Handeln einbeziehen. Im Ernstfall oder zur optimalen Vorbeugung – lassen Sie sich fachkompetent beraten.

Impressum

Auf alle geschäftlich genutzten Social-Media-Portale und Blogs gehört ein Impressum. Ein Unterlassen kann eine Abmahnung zur Folge haben. Im Netz gibt es mehrere Impressums-Editoren. Den Text können Sie beispielsweise in einer Facebook-Applikation, bei *Über mich* auf XING oder unter *Dies und Das* auf Ihrem Google+-Profil einstellen – ergänzt mit Ihren aktuellen Daten.

Das Mindeste ist die sogenannte Zwei-Klick-Regel: Mit nur zwei Klicks muss ein Impressum erreichbar sein. Vor allem für die mobile Nutzung empfiehlt es sich, an prominenter Stelle einen Link direkt auf das Impressum zu stellen. Denn Smartphones- und Tablet-Nutzer sollten es problemlos anklicken können.

Wenn Sie unsicher sind, lassen Sie sich fachkundig beraten. Informationen im Netz gibt es unter anderem in den Blogs von Rechtsanwalt Schwenke (http://bit.ly/PPP5En) und Karrierebibel-Autor Christian Mueller (http://bit.ly/Oig1wB).

Urheber- und Verwertungsrecht

Das Kopieren und Vervielfältigen fremder Werke ist nicht erlaubt. Geistiges Eigentum – Kunstwerke, Fotos, Texte etc. – unterliegt dem Urheberrechtsschutz. Es bleibt beim Künstler beziehungsweise dessen Erben – bis zu 70 Jahre nach dem Tod. Abgegeben werden höchstens Verwertungsrechte, etwa an Verlage oder Produzenten.

Wird Ihnen gestattet, dass Sie ein Bild oder Text weiterposten, geben Sie den Urheber beziehungsweise das Copyright an. Das gilt genauso für Zitate. Einen guten allgemeinen Überblick gibt Ihnen Anwältin Nina Diercks: http://bit.ly/PEPtWC. Auch was die Vorschaubildchen in Social Media betrifft, ist Vorsicht geboten. Hierzu hat Rechtsanwalt Schwenke diesen lesenswerten Beitrag geschrieben: http://bit.ly/PPSi6R.

Das kommt mir so bekannt vor – Fälschung oder nicht?

Offensichtliche Plagiate – verboten!

Ein Plagiat ist eine unerlaubte, wissentliche Kopie eines Textes oder Bildes durch eine andere Person als den Urheber. Mit Copy & Paste hängt man sich in Sekundenschnelle fremde Federn um – Lehrer wissen ein Schülerlied davon zu singen. Im Internet wimmelt es vor Plagiaten. Nicht nur gefälschte Doktorarbeiten sind online aufzuspüren: auch Präsentationen, Vortragstexte, Webseiten, Blogartikel und sogar kleine Postings auf Facebook & Co.

Widerstehen Sie deshalb der Versuchung. Kopieren Sie nur mit ausdrücklicher Erlaubnis des Künstlers beziehungsweise Designers, Musikers oder Autors – und unter der Angabe des Copyrights. Für längere Texte ist es wegen des doppelten Contents (siehe unten) sowieso nicht ratsam. Setzen Sie stattdessen einen Link auf das Original und zitieren Sie nur ein, zwei Sätze als Anreißer.

Hier finden Sie eine kleine Sammlung von Tools, die Plagiate aufspüren (von just law Rechtsanwälte): http://bit.ly/RMR3IZ.

Selbst gemachte Plagiate – gibt's die auch?

Ach, wie schön kann man Zeit sparen mit einem Copy & Paste. Und bei den eigenen Texten ist das doch kein Problem, oder?

Doppelter Content
Vielleicht haben Sie mehrere Blogs und möchten Ihre Artikel mehrmals online stellen. Doch, Vorsicht: Wenn der gleiche Inhalt unter mehreren URLs im Netz von Google gefunden wird, kann das zu einer Herabstufung führen. Der Grund: So werden Keywords gespammt und ein irreführendes Ranking entsteht. Google unterstellt zwar nicht immer böswillige Absicht, straft wegen des doppelten Contents aber trotzdem ab. Auf einer Extra-Seite informiert Sie Google dazu: http://bit.ly/OcVAPN

Bedienen Sie mehrere Social-Media-Netzwerke, ändern Sie Ihre Beiträge etwas ab. Beginnen Sie mit dem längsten Post, zum Beispiel dem für Google+. Dann können Sie für die anderen Portale Kürzungen vornehmen und Synonyme verwenden. Das macht außerdem Sinn, weil Sie auf verschiedenen Portalen unterschiedliche Fans und Follower haben.

Textrecycling – ein Eigenplagiat?
Einen eigenen Text wiederzuverwerten – ist das legitim? Wir alle wissen, dass Vorträge oft doppelt gehalten werden. Viele Tageszeitungen kaufen Artikel ein, die bereits woanders erschienen sind – von abgedruckten Pressemeldungen ganz zu schweigen. Doch der Verlag darf das, denn er hat das Verwertungsrecht erhalten – gegen einen entsprechenden Betrag. Deshalb entscheidet der Chefredakteur oder Verleger, was damit geschieht. Die redaktionelle Bearbeitung des Textes (Umformulierungen, Ergänzungen, Streichungen, Verschiebungen) gehört dazu.

In einem Artikel zur Doktorarbeit von Annette Schavan meint Juraprofessor Volker Rieble aus München: „Der Mehrfachverwerter ist nicht als Plagiator, sondern als Langweiler abzustrafen." Der Autor des Artikels, Roland Preuß, ergänzt: Auszüge aus Veröffentlichungen seien in der Wissenschaft gängige Praxis. Sie zeugten sogar von einer guten Arbeit. (Quelle: sueddeutsche.de, http://bit.ly/NnHJd5)

So kann ein Autor aus einem alten Text einen neuen machen, indem er Änderungen und Aktualisierungen vornimmt. Oder er baut einen Teil davon in einen neuen ein. Es ist legitim, wenn es sich um Bruchstücke und nicht um eine nahezu identische Kopie handelt.

Ihren Gastbeitrag in einem fremden Blog dürfen Sie nach Veröffentlichung auf Ihren eigenen Webseiten einstellen – natürlich mit einem entsprechenden Hinweis auf den Gastblog. Vielleicht müssen Sie Ihren Text aus Aktualitätsgründen wieder abändern. Dann handelt es sich erst recht nicht um ein Eigenplagiat, sondern um eine Art zweiter, aktualisierter Auflage.

TIPP Wenn Ihre Blogartikel bereits woanders erschienen sind, dann erwähnen Sie das. Das gilt ebenso für größere Postings: „Den folgenden Text habe ich bereits in einer XING-Gruppe und auf Facebook eingestellt. Nun bin ich gespannt, was ihr sagt."

So nimmt Ihre Online-Reputation keinen Schaden. Im Gegenteil: Es zeugt von Ihrer Kompetenz, dass andere Blogs Beiträge von Ihnen veröffentlichen. Dass Sie sich vielseitig und transparent im Web präsentieren, ist ein extra Pluspunkt.

Pfui, das tut man nicht – Unarten

Spam – Entfolgen inbegriffen

Dahinter steckt manchmal nur Unwissenheit, dann wieder eine laxe Einstellung oder eiskalt kalkulierte Absicht. Es tritt in zahlreichen Varianten auf und ist nicht kleinzukriegen:

- die gleichen Posts innerhalb von kurzen Zeiträumen
- kontinuierliches Absetzen von Beiträgen, das anderen den Stream „vollmüllt"
- das übertriebene Einsetzen von Keywords
- Linkspamming – versteckte Links einbauen oder Foren, Gästebücher und Kommentare mit irrelevanten beziehungsweise irreführenden Links füllen
- aggressive Werbung
- unerwünschte Werbung, zum Beispiel von Pornoseiten
- Beleidigungen, Mobbing
- Seiten mit identischem Content auf mehrere URLs verteilen

Bewahren Sie sich Ihre Online-Reputation, indem Sie all dies nicht tun. Denn damit bauen Sie weder Beziehungen noch einen guten Ruf auf. Natürlich dürfen Sie als Verkäufer Social Media nutzen, aber im Sinne des Mehrwerts und des Kundennutzens.

Versteckter Content – gefährliche Windeier
Versteckter Text (Hidden Text) ist eine Art von Keywordspamming. Der Text hat die gleiche Farbe wie der Hintergrund und kann nur von Suchmaschinen erkannt werden. So führt man Webseiten- oder Blog-Besucher absichtlich in die Irre. Doch Google sieht das und straft ab! Das betrifft nicht nur Blogs, sondern auch Online-Shops, Foren und Wikis. In einem eBay-Community-Forum habe ich dazu eine interessante Diskussion entdeckt: http://bit.ly/Pj1RJ9.

Ähnliches gilt für die Brückenseiten (Doorway Pages), die man auf einem Blog installieren könnte. Das sind laut Wikipedia „optimierte Internetseiten, die als Zwischenseiten fungieren und auf die eigentliche Webpräsenz verweisen". (Quelle: http://bit.ly/P8pYZH). Darauf werden wieder hemmungslos Keywords gesetzt oder Links manipuliert. Bekanntester Bösewicht war BMW: Der bayerische Automobilbauer wurde deswegen 2006 von Google abgestraft. (Quelle: http://bit.ly/NnHwXn)

Denunzianten
Vorab: Hier geht es nicht um User, die rassistische, sexistische oder ehrverletzende Postings melden. Was ist ein Denunziant? Das Empfinden hierüber ist unterschiedlich. Facebook und andere Portale gehen gegen Fake-Konten vor. Sie stiften ihre Mitglieder an, ein Profil ohne Klarnamen zu melden. Für die einen zu Recht, für die anderen Anstiftung zur Denunzierung.

Denunzianten treten meistens nicht persönlich in Erscheinung. Sie tragen eine Tarnkappe und säen Zwietracht. Denunzieren ist eine Form des Mobbens, wenn in Facebook-Beiträgen vermeintlich Vertrauliches veröffentlicht wird. Im Schutz von Pseudonymen oder Gruppen werden andere an den Pranger gestellt. Auch so mancher Shitstorm wird von Denunzianten ausgelöst.

KOMPAKT Sich mit fremden Federn schmücken, abschreiben, zumüllen, in die Irre führen und denunzieren ist verboten. Das war schon immer so – lange vor Social Media. Ob Impressum oder Urheberrecht: Umschiffen Sie die gesetzlichen Maßgaben nicht. So ersparen Sie sich teure und lästige Abmahnungen von Anwälten. Mit solchen Tatbeständen kann man sich juristischen Ärger einhandeln, von Google abgestraft werden sowie Beziehungen und die Online-Reputation gefährden. Es kann sein, dass Sie im konkreten Fall nicht wissen, was erlaubt ist – dann kontaktieren Sie Fachleute – Juristen oder SEO-Spezialisten.

Also, immer schön aufpassen, cool bleiben, Spaß haben und was lernen – wie im richtigen Leben! (;o)

Statt eines Anhangs

Keine Literatur veraltet so schnell wie die zu Internet und Social Media. Deshalb gibt es hier keine entsprechenden Seiten – aber im Netz.

Eine umfangreiche Literaturliste und eine laufend aktualisierte Blogliste können Sie gern auf meiner Webseite als Gratis-Downloads herunterladen.

Des Weiteren habe ich ein Glossar in Arbeit, das Ihnen ebenfalls kostenlos zur Verfügung steht.

Die Adresse lautet: www.text-at-plan.de

Danksagung

Viele Menschen haben mich auf vielfältige Weise unterstützt
und inspiriert:
Donate, Heribert, Justinus und Lucia für das liebevolle familiäre
Rückgrat und die Freude am Leben und Schaffen.

Weiterer Dank – für Mut machen, Kaffee und kritischen Blick – gehen
an Freunde aus beiden Welten:
Kathi Andree, Sarah Lukas, Jennifer Mehrens, Angelika Räder
und Margot Stilwell,
Inga Palme, Christine Pfeil, Olivera Wahl und Stefan Schütz,
Michael Esser, Hans Nogaj und Maria Zimmermann,
Christian Benedict, Karsten Edelburg, Carmen Gilles, Susanne Günter,
Stefan Höynck, Christel Irmen, Max Schaaf, Johannes und Renate
Susen, Claudia Weiler, Joachim Zill, Marco Zill.

Dank euch allen!

Die Autorin

Die Sprache ist eine der Leidenschaften von Florine Calleen. Sie hat sie zum Beruf gemacht – nach 30 Jahren Erfahrung in Journalismus, Verlag und Unterricht. Hinzu kommt ein tiefes Interesse an Kunst und (moderner) Kommunikation.

Florine Calleens Arbeit steht unter dem Motto „Menschen ins Gespräch bringen". Dafür vereint sie ihre beruflichen Erfahrungen mit der Freude an neuen Entdeckungen und Entwicklungen. So ist Social Media eine neue Leidenschaft geworden – hier kann sie schreiben, beraten und gestalten. Von dort bezieht sie Inspiration und Know-how. Beides wiederum gibt sie gern zurück: in ihrem Blog *Aus dem Nähkästchen einer Texterin*, in Vorträgen und Seminaren oder im *PostingClub*.

Als Einzelunternehmerin ist Florine Calleen ein Teamplayer. Deshalb arbeitet sie mit kompetenten Kooperationspartnern zusammen.

Kontakt:
E-Mail: info@text-at-plan.de
Internet: http://about.me/Text_at_Plan

Expertenwissen auf einen Klick

Gratis Download:
MiniBooks – Wissen in Rekordzeit

MiniBooks sind Zusammenfassungen ausgewählter BusinessVillage Bücher aus der Edition PRAXIS.WISSEN. Komprimiertes Know-how renommierter Experten – für das kleine Wissens-Update zwischendurch.

Wählen Sie aus mehr als zehn MiniBooks aus den Bereichen:
Erfolg & Karriere, Vertrieb & Verkaufen, Marketing und PR.

→ www.BusinessVillage.de/Gratis

BusinessVillage
Update your Knowledge!

Verlag für die Wirtschaft

Felix Holzapfel, Klaus Holzapfel
facebook – marketing unter freunden
dialog statt plumper werbung
4., akt. und erw. Auflage 2012

304 Seiten; 29,80 Euro
ISBN 978-3-86980-166-7; Art-Nr.: 834

Ihre Zielgruppen sind auf Facebook! Und wo sind Sie?

Facebook hat unser Welt revolutioniert. Immer mehr Menschen verbringen immer mehr Zeit auf dem wohl populärsten Social Network. Von Jung bis Alt, vom Schüler bis zum Manager, über alle Gesellschaftsschichten hinweg – überall auf der Welt.

Eine große Herausforderung für Unternehmen, denn Facebook revolutioniert auch das Marketing. Mitwirkung und Partizipation sind die Schlüsselwörter. Kommunikation mit Kunden findet auf Augenhöhe statt. Konsumenten werden zu aktiven Mitgestaltern von Marketing, Produkten und sogar Marken.

Social Plug-ins wie Open Graph oder der aktuelle Meilenstein Timeline eröffnen dabei vollkommen neue Möglichkeiten, Informationen zu vernetzen, attraktiven Mehrwert zu schaffen, und katapultieren das Social Web für Unternehmen und Nutzer auf die nächste Stufe. Felix und Klaus Holzapfel, Experten für alternative Marketingstrategien, erklären, wie sie diese neuen Technologien und Werkzeuge einsetzen, was die User in sozialen Netzwerken machen, wie man sich mit ihnen „verbrüdert", was man alles von ihnen lernen kann und wie man sie aktiv in die eigene Marketingstrategie integriert. Denn nur wer Facebook verstanden hat, kann sich positionieren und Kampagnen entwerfen, die nicht nerven, sondern als gern gesehener „Freund" von sich reden machen.

Stephan Meixner
facebook-ads – werbung unter freunden
Wie Social-Media-Advertising funktioniert

120 Seiten; 2011; 9,90 Euro
ISBN 978-3-86980-148-3; Art-Nr.: 866

Eine neue Werbeform erobert das Web: Facebook-Ads. Mit diesem Anzeigenformat erreicht man mehr als 500 Millionen Nutzer des Social Networks weltweit und mehr als 20 Millionen Facebook-Mitglieder in Deutschland. Dank ausgefeilten Targetings lassen sich Streuverluste minimieren. Nebenbei profitieren Werbetreibende im Social Network im Idealfall von viraler Reichweite. All das macht Facebook-Ads zu einem kostengünstigen Marketinginstrument mit traumhaftem ROI.

Stephan Meixner erklärt im ersten deutschsprachigen Buch zum Thema, welche Spielregeln für Facebook-Ads gelten und wie erfolgreiche Social-Media-Kampagnen bei Facebook konzipiert werden. Von der richtigen Zielgruppenauswahl über die Werbemittelgestaltung bis hin zu den Werberichtlinien illustriert dieses Buch, wie Sie bei Facebook große Werbung für kleines Geld schalten.

Felix Beilharz
Social Media Management
Wie Marketing und PR Social-Media-tauglich werden

240 Seiten; 29,80 Euro
ISBN 978-3-86980-144-5; Art-Nr.: 869

Ihre Zielgruppen sind auf Facebook! Und wo sind Sie?

Facebook hat unser Welt revolutioniert. Immer mehr Menschen verbringen immer mehr Zeit auf dem wohl populärsten Social Network. Von Jung bis Alt, vom Schüler bis zum Manager, über alle Gesellschaftsschichten hinweg – überall auf der Welt.

Eine große Herausforderung für Unternehmen, denn Facebook revolutioniert auch das Marketing. Mitwirkung und Partizipation sind die Schlüsselwörter. Kommunikation mit Kunden findet auf Augenhöhe statt. Konsumenten werden zu aktiven Mitgestaltern von Marketing, Produkten und sogar Marken.

Social Plug-ins wie Open Graph oder der aktuelle Meilenstein Timeline eröffnen dabei vollkommen neue Möglichkeiten, Informationen zu vernetzen, attraktiven Mehrwert zu schaffen, und katapultieren das Social Web für Unternehmen und Nutzer auf die nächste Stufe. Felix und Klaus Holzapfel, Experten für alternative Marketingstrategien, erklären, wie sie diese neuen Technologien und Werkzeuge einsetzen, was die User in sozialen Netzwerken machen, wie man sich mit ihnen „verbrüdert", was man alles von ihnen lernen kann und wie man sie aktiv in die eigene Marketingstrategie integriert. Denn nur wer Facebook verstanden hat, kann sich positionieren und Kampagnen entwerfen, die nicht nerven, sondern als gern gesehener „Freund" von sich reden machen.

Tilo Dilthey
TEXT-TUNING
Das Konzept für mehr Werbewirkung
2. Auflage 2012

160 Seiten; 17,90 Euro
ISBN 978-3-86980-114-8; Art-Nr.: 838

Tilo Dilthey zählt zu den Markenmachern in Deutschland. Sein Markenzeichen: Nur die Einzigartigkeit wirkt. Doch wie entwickelt man Einzigartigkeit, wie kommuniziert man sie?

Auf der Basis vieler erfolgreicher Kampagnen und Werbeaktionen illustriert Tilo Dilthey, wie einzigartige Texte mit Werbewirkung entstehen. Ganz ohne graue Kommunikationstheorien und quälende Tipps konzentriert sich dieses Buch auf das wirklich Wesentliche.

TEXT-TUNING ist das Buch für mehr Werbewirkung und für alle, die mit Texten mehr bewirken wollen. Praxiserprobt. Direkt einsetzbar. Mit Vergnügen lesbar.

„Tilo Dilthey erspart dem Leser langatmige Kommunikationstheorien, stattdessen lässt er ihn kurz und knapp und im Ton sehr unaufdringlich an seinem reichen Erfahrungsschatz teilhaben. [..] Ein Muss für Werbeleute, aber auch äußerst hilfreich für alle, die ihre Geschäftspartner besser überzeugen wollen."

managementbuch.de, 15.06.2011